¿Quién lo cuida?
Cómo remodelar una política democrática

CICLOGÉNESIS 24 | RAYO VERDE

Primera edición, 1500 ejemplares: septiembre 2024

Título original: *Who Cares? How to Reshape a Democratic Politics*

Diseño de la cubierta: Tono Cristòfol
Ilustración de la cubierta: Carlos Arrojo
Maquetación: Noemí Giner
Producción editorial: Sandra Balagué
Corrección: Gisela Baños, Antonio Gil

Publicado por Rayo Verde Editorial
Mallorca, 221, sobreático, 08008 Barcelona
www.rayoverde.es
RayoVerdeEditorial @Rayo_Verde

Impresión: Estugraf
ISBN: 978-84-10487-96-3
Depósito legal: B 18397-2024
THEMA: JBF

Impreso en España - Printed in Spain

La traducción de este libro se rige por el contrato tipo propuesto por ACE Traductores.

Este libro está fabricado a partir de papel certificado de origen sostenible.

Una vez leído el libro, si no lo quieres conservar, lo puedes dejar al acceso de otra gente, pasárselo a alguien del trabajo o a una amistad a quien le pueda interesar. En el caso de querer tirarlo (algo impensable), hazlo siempre en el contenedor azul de reciclaje de papel.

¿Quién lo cuida?

Cómo remodelar una política democrática

Joan C. Tronto

Prólogo de Iris Parra Jounou
Traducción de Jean-François Silvente

El cuidado en el centro de la política es la esencia de una mirada feminista para cambiar el mundo

Rayo verde
editorial

Prólogo
Si queremos cambios, «hagámoslo todo»

Iris Parra Jounou

Quizás hojeas este libro porque no conoces a Joan C. Tronto y sientes curiosidad. O quizás llevas años siguiéndole la pista y te ha alegrado encontrar por fin una traducción. En cualquiera de estos casos —y de todas las posibilidades intermedias— te invito a conocer el camino intelectual de esta autora y el impacto actual y potencial de su obra a través de este pequeño estudio introductorio. Deseo que, al igual que yo, lo encuentres lleno de ideas para enriquecer algunos de los debates más urgentes de nuestro momento histórico, así como un cierto consuelo al ver que todavía nos quedan vías que explorar en lo tocante a las formas en que los humanos estructuramos, mantenemos, reparamos y nutrimos nuestras sociedades para vivir en ellas lo mejor posible.

Mapa topográfico de la ética del cuidado

¿Quién lo cuida? (2015) es el tercer libro de Joan C. Tronto, teórica política estadounidense con una larga trayectoria tanto en su campo como en los estudios de género y en el desarrollo de la rama más política de las éticas del cuidado. Hablo en plural a conciencia. Si pensamos en la música fusión o en la literatura posmoderna entendemos con rapidez que no se trata de un movimiento estanco y unitario, sino que hablamos de una categoría creada a base de parecidos entre autores y propuestas que son diferentes entre sí. Lo que llamamos «ética del cuidado» es un campo de conocimiento interdisciplinario que se extiende como las múltiples ramas de un árbol genealógico, con divisiones y encuentros fortuitos, un cierto aire de familia y particularidades propias.

Genealogías

Lo primero a destacar de la ética del cuidado es que no hay un consenso unitario sobre su origen. Esto se debe, en parte, a que el feminismo de la segunda ola se bastó de las distintas corrientes teóricas existentes para pensar sus preguntas fundamentales hacia finales de los setenta y a partir de los ochenta. La mayor parte de la literatura concede su nacimiento en la obra de Carol Gilligan *In a different voice* (1982). Gilligan era experta en psicología del desarrollo moral, es decir, en los estudios sobre cómo los humanos elaboramos nuestras reflexiones al enfrentarnos a dilemas morales. La autora criticó los modelos preexistentes de Lawrence Kohlberg al cuestionar que sus teorías sobre las etapas de desarrollo moral sufrían un sesgo de género. Puso en tela de juicio las formas de generación de conocimiento y el impacto de nuestro entorno social en las miradas supuestamente objetivas. Los estudios que Kohlberg había llevado a cabo en la década de los sesenta defendían un modelo de seis etapas que sistemáticamente otorgaba una menor puntuación en el desarrollo moral a las mujeres. ¿La razón? Había tomado el razonamiento masculino como norma. En respuesta, Gilligan condujo sus propios estudios e incluyó sujetos femeninos, lo que le permitió concluir y defender que la elaboración de razonamientos de las personas socializadas como hombres y como mujeres eran diferentes. Llamó al primer modelo, que corresponde a la respuesta tradicionalmente masculina, ética de la justicia, y lo caracterizó como una explicación de los dilemas morales entendidos como un choque entre dos derechos o principios universales en conflicto entre sujetos autónomos e independientes donde no está claro cuál de los dos debe prevalecer sobre el otro. En contraposición, Gilligan habló de la existencia de otro modelo, la ética del cuidado, que correspondía a la respuesta tradicionalmente femenina, y que caracterizaba el dilema moral como un conflicto entre responsabilidades, por lo que su solución requería una forma de pensar contextual y narrativa, que entendiera y estudiara las relaciones en vez de centrarse en los derechos formales y los principios. Gilligan expuso dos formas de comprender la moral que se basaban en premisas diferentes, pero no quiso priorizar una sobre la otra ni asignarlas a un sexo por naturaleza; más bien planteaba que debería conseguirse algún tipo de conjugación entre ambas.

A partir de aquí, se desarrollaron una serie de nuevos textos en los años ochenta en diálogo unos con otros. Sin embargo, aunque la mayoría de las autoras no defendía la existencia de una moral femenina esencial, hubo ciertos factores que jugaron en contra del reconocimiento de la ética del cuidado como teoría política de pleno derecho. Por un lado, la publicación inicial de la obra de Nel Noddings *Caring* (1984), con una visión esencialista de la diferencia entre sexos en la que se defendía que la ética del cuidado era una ética distintivamente femenina porque las mujeres muestran una tendencia natural para cuidar. Por otro lado, la ética del cuidado se desarrolló en paralelo al debate sobre la diferencia en los círculos feministas. ¿Las mujeres eran igual que los hombres o tenían características distintivas? ¿Se buscaba la igualdad y la asimilación de las mujeres al modelo público de hombre o se reclamaba la importancia de otro modelo público que no siguiera los objetivos clásicos impuestos al rol masculino?

Esta posición fue profundamente rechazada por las autoras que entendían la ética del cuidado como un disruptor de los modelos sociales y políticos imperantes. En 1987, Tronto defendía que una de las aportaciones más interesantes de Gilligan fue la incorporación del factor sociopolítico y no solo psicológico e individual en las diferentes aproximaciones morales, y afirmaba que este factor sociopolítico se podía atribuir a la clase social y la etnia, y no solo al género.

Aunque Gilligan fue la primera en usar la expresión «ética del cuidado», no es la única autora reclamada como origen. Otras estudiosas consideran que esta corriente política es más bien deudora de la obra de la filósofa estadounidense Sara Ruddick *Maternal Thinking* (1980), que leyeron con atención pensadoras como Virginia Held y Joan C. Tronto ya a mediados de los ochenta. En esta obra, Ruddick negó cualquier naturaleza maternal propia de las mujeres, y describió la *maternalidad* como una práctica humana fundamental que se habría asociado históricamente con las mujeres y con otros grupos marginados pero que carecía de relación esencial con el sexo o la identidad de género. Además, apeló a la conciencia feminista para cuestionar las estructuras que devalúan las prácticas de cuidado hacia los demás e hizo un llamamiento a poner el cuidado en la esfera pública.

Tanto si consideramos la génesis de la ética del cuidado en Ruddick como en Gilligan —tema interesante para los eruditos, pero seguramente no tanto para la vida práctica—, resulta evidente que su dimensión política ha existido siempre, pero que la convivencia entre esta visión y la lectura esencialista que se hizo de la ética del cuidado hizo que durante mucho tiempo fuera entendida como una «moral femenina» y, por lo tanto, descartada como interlocutor prominente incluso entre los círculos feministas—[1] como bien explica y analiza Tronto en *Moral Boundaries*. Sorprendentemente, este malentendido llega a nuestros días.

1 Es posible que este sea el motivo por el cual pensadores como Judith Butler, mucho más conocide en nuestra tradición filosófica, no intentaron comprender el potencial de la propuesta política de Joan C. Tronto, donde siempre ha habido una clara voluntad de crear una teoría política y moral del cuidado. De hecho, solo recientemente Butler, quien también ha dedicado parte de su carrera intelectual a cuestiones de ética, relacionalidad y teoría política, ha mencionado a Tronto como una autora que trabaja cuestiones muy cercanas a sus propios escritos (Véase Butler y Worms 2021).

Los afluentes. El enfoque filosófico y el enfoque sociológico

Otro factor que permite hablar de distintas éticas del cuidado es la percepción de que hay dos grandes aproximaciones al cuidado que a veces entran en contradicción: la filosófica y la sociológica. Empecemos por la última, ya que es la más defendida en los movimientos sociales de los últimos años. La aproximación sociológica de la ética del cuidado se ha centrado principalmente en lo que conocemos como trabajo de cuidados y su distribución, así como el análisis de las desigualdades, las estructuras de poder y las formas de privilegio que lo conforman. Junta las dimensiones social, económica y política para otorgar un valor a lo que tradicionalmente se ha entendido como trabajo reproductivo o formas de trabajo productivo devaluadas por su relación con los colectivos marginados u oprimidos, como las mujeres. Se centra en la figura cuidadora y lo que pide es una redistribución del trabajo para mejorar las injusticias presentes y conseguir una mayor igualdad social. Un ejemplo claro es el de las luchas de movimientos de las trabajadoras del hogar, que buscan el reconocimiento social de actividades relacionadas con el cuidado y su consideración económica y jurídica. A mi parecer, esta corriente ha calado mucho más en nuestros contextos culturales, posiblemente porque es una aproximación que bebe mucho de la teoría feminista de raíz marxista, más extendida entre las pensadoras feministas del sur de Europa (como, por ejemplo, Silvia Federici) y de América Latina, centradas en las luchas sociales y económicas.

Los enfoques filosóficos de la ética del cuidado han quedado principalmente en manos angloamericanas y francófonas y nos han llegado muy pocas traducciones de estas autoras en nuestra lengua. Sus preguntas fundamentales se centran sobre todo en cómo respondemos éticamente a la vulnerabilidad y cuestionan la comprensión hegemónica de la naturaleza humana como un ser (hombre) autónomo, racional, independiente y propietario, para hablar de una ontología relacional, es decir, para defender que lo que nos constituye fundamentalmente como seres humanos son las relaciones que nos unen a los demás. Además, pone en jaque los modelos éticos basados en principios universales, abstractos y racionales, y en su lugar propone un modelo contextual, que depende del entorno social, donde cabe preguntarse por la responsabilidad y la atención a las necesidades de los demás, no solo entre individuos en el ámbito privado, sino también a escala social, así como por cómo se distribuyen dichas responsabilidades. Por lo tanto, en vez de centrarse en las personas sobre las que recae la tarea de cuidar, pone el foco en las relaciones entre cuidadores y personas cuidadas. De hecho, ambos roles se encarnan a menudo en la misma persona. Su objetivo es dar un espacio a las voces minorizadas y generar una transformación social y política a gran escala que replantee las prácticas para que todo el mundo viva de la mejor forma posible. Estas propuestas permiten operar a dos niveles. Por un lado, como un marco normativo, que permite crear y aplicar políticas públicas. Por el otro, como una reflexión crítica para cuestionar los fundamentos de la filosofía política y moral predominante desde una perspectiva feminista e interseccional.

La obra de Joan C. Tronto

Todo el humus de las teorías feministas de la segunda ola y de las aproximaciones tanto sociológicas como filosóficas de la ética del cuidado presentadas hasta ahora forman parte del camino intelectual de Joan C. Tronto, que se resume parcialmente en el libro que tienes en las manos. Ha tenido muchísimos más referentes, por supuesto. Su formación académica y su actividad como docente le ha permitido entrar en diálogo con autores previos de su disciplina en su entorno cultural particular —como las teorías de la democracia radical y participativa estadounidenses de John Dewey y Sheldon Wolin— y a lo largo de los más de cuarenta años de desarrollo intelectual ha establecido diálogo con las obras de cabecera de otros autores como Margaret Urban Walker y su conocido *Moral Understandings* (1996), solo por mencionar una.

Siempre me ha ido bien pensar su recorrido como escalones de una escalera, cada uno de los cuales le ha permitido avanzar un paso y desarrollar otra de las dimensiones de su teoría. Por ello, divido su obra en dos grandes etapas, si bien esta decisión debe entenderse como una ayuda analítica más que como un giro o una ruptura en su proyecto. Permíteme contarte a grandes rasgos sus preguntas fundamentales y el avance de su pensamiento hasta llegar a elaborar el libro que estás a punto de leer.

Primeros artículos y Moral Boundaries *(1993)*

Joan C. Tronto dedicó sus primeros escritos a continuar y ampliar los debates iniciados por Sara Ruddick y Carol Gilligan. Recordemos que esta última había cuestionado los modelos hegemónicos existentes en lo que respecta al desarrollo moral humano y había puesto sobre la mesa una serie de diferencias a la hora de afrontar los dilemas morales que coincidían con el rol de género atribuido socialmente. De ahí se derivaba un intenso debate teórico sobre si había que entender este hallazgo como una diferencia natural y esencial entre hombres y mujeres —que se conoce como el feminismo de la diferencia— y, en consecuencia, había que asumir que había algo llamado «moralidad femenina» o si, por el contrario, esta diferencia era consecuencia de un conjunto de estructuras políticas y sociales atravesadas por relaciones de poder y de privilegio. En este escenario, Joan C. Tronto se decantó por la segunda opción. Se trata de una posición mucho más revolucionaria, si queremos entenderlo así, porque no quiere ampliar el modelo hegemónico para incluir a más mujeres, sino dinamitar sus fundamentos.

En el artículo de 1987 «Beyond gender difference to a theory of care» se encuentra ya la génesis de dos de sus grandes temas, aunque tratados de forma sintética: la necesidad de cambiar el punto de vista moral y la búsqueda del tipo de instituciones sociales y políticas que se adapten mejor a una teoría como la ética del cuidado. Su siguiente trabajo, en conjunto con Berenice Fisher (1990), definió por primera vez el cuidado como «una actividad de nuestra especie que comprende todo lo que hacemos para mantener, continuar y reparar nuestro mundo de forma que podamos vivir en él de la mejor manera posible» (Fisher y Tronto 1990: 39). Y, de nuevo, aparecen la búsqueda de una teoría feminista del cuidado que ponga en duda las premisas tradicionales de la filosofía occidental como la delimitación entre público y privado, y la intuición de que para repensar el cuidado hay que cuestionar las instituciones existentes.

En *Moral Boundaries* (1993) Joan C. Tronto desarrolla a fondo estas dos cuestiones. ¿Por qué hablamos de teorías morales si el objetivo es desarrollar una propuesta política? ¿Cómo se relacionan la moral y la política? La respuesta rápida es que Joan C. Tronto, igual que Walker, no entiende la moral como una serie de normas ideales *a priori* que se elaboran para guiar una forma de actuar en el mundo. Por el contrario, la filosofía moral está condicionada por y se desarrolla en un contexto social y político particular. Lo que le interesa saber es cómo se desarrollan las prácticas morales en el día a día. Para la autora, defender la existencia de una moralidad femenina esencial como hacían algunas pensadoras feministas de los ochenta es ignorar el contexto político de sus argumentos a cuenta y riesgo de limitar su potencial de cambio. Según Tronto, el discurso de la moralidad femenina quedará constantemente sepultado y desactivado porque hay una serie de fronteras establecidas que lo mantienen constantemente en la periferia. Con esta lectura sobre las posibilidades de éxito de la teoría feminista, Tronto realiza un amplio análisis de las causas que provocan la falta de impacto de los discursos feministas en la arena pública.

En la introducción del libro deja claro que su objetivo es resaltar las fronteras morales para que afloren un par de cuestiones vitales: «La primera cuestión es estratégica: cuando vemos las fronteras nos damos cuenta de que incluyen y excluyen. ¿Qué tenemos que hacer para cambiar lo que incluyen y excluyen? La segunda cuestión es visionaria: ¿Qué visión alternativa marca cómo debería ser nuestra vida moral?» (Tronto 1993: x). La frontera entre moral y política ha funcionado a partir de dos modelos tradicionales: o la moral crea unos principios que informan la práctica política o la política crea una moral afín a sus objetivos. En cualquiera de los casos, moral y política no comparten un objetivo común, sino que son esferas separadas donde una intenta dominar a la otra. La frontera del punto de vista moral la ha creado el conjunto de la tradición filosófica que considera que la moral debe surgir de la razón en exclusiva y ser universal. Si este es el punto de vista moral que aceptamos, cualquier explicación de la moralidad basada en la cotidianidad, susceptible a variaciones culturales o que incluya dimensiones emocionales será tomada como algo corrompido y de segunda. La frontera entre la vida pública y privada niega a las mujeres y a otros colectivos minorizados el espacio público; acepta una moralidad femenina esencial, pero le da permiso para existir solo como una moral exclusiva del ámbito del hogar.

Joan C. Tronto no propone abolir estas tres fronteras sino redibujarlas. ¿Cómo? A través del cuidado. Las cuestiones más fundamentales de la vida humana, como el cuidado, jamás han sido centrales para la mayoría de los pensadores y teóricos políticos de la tradición occidental y han permanecido en la periferia. Cambiar los fundamentos quiere decir que «hay que honrar aquello a lo que la mayoría de gente dedica su vida: cuidar de sí mismos, de los demás y del mundo». El cuidado es un concepto que puede valer al mismo tiempo como valor moral y como fundamento del éxito político de una buena sociedad. Ofrece una forma de cambiar los paradigmas, de deshacer las fronteras morales actuales y de avanzar hacia sociedades más justas y cuidadoras. Pero para llegar allí, primero hay que analizar de qué modo la sociedad actual está tomando en consideración el cuidado y qué dinámicas de poder gobiernan estas tres fronteras. A lo largo de *Moral Boundaries* la autora nos cuenta con detalle las dimensiones morales y políticas del cuidado.

Una de las razones por las cuales no se han tenido en cuenta y, por lo tanto, no se han respetado ni teorizado las actividades esenciales de cuidado se relaciona con las éticas hijas de la Ilustración (Tronto 1993: 19). Estas se centran en los conceptos de autonomía e independencia y basan su moral exclusivamente en la capacidad racional. Esto da pie a tres peligros básicos: el primero es entender a los otros en términos abstractos e individualistas, porque comporta una desvinculación y una menor implicación o compromiso moral; el segundo es entender las necesidades de los demás en función de nuestros propios marcos mentales, lo cual impide el reconocimiento de la pluralidad de necesidades humanas; el tercero es el menosprecio a todas las fases de vida no autónomas, como la infancia, la vejez o la enfermedad. En contraposición, la ética del cuidado defiende el cuidado como una actividad básica, es decir, entiende que todos los seres humanos necesitamos que nos cuiden y, a su vez, tenemos que cuidar de los demás a lo largo de todas las fases vitales. Dicho de otro modo, reconoce que lo que constituye a los seres humanos es la interdependencia y que somos fundamentalmente seres relacionales.

Si miramos con más detalle las formas en las que se distribuyen las responsabilidades de cuidado en la sociedad en seguida detectamos que hay un patrón evidente de desigualdad basado en la división tradicional por roles de género —así como desigualdades basadas en la etnia o la clase social, como recuerda más adelante— donde el cuidado queda fuera de la esfera pública. El objetivo es, pues, desmontar el relato sobre la relación directa y naturalizada entre las mujeres, el cuidado y el ámbito privado del hogar para proponer una socialización del cuidado y devolverlo así discursivamente al ámbito político.

El siguiente paso es conseguir herramientas críticas para poder analizar cómo funcionan las desigualdades de poder. Para ello, Tronto detecta cuatro fases del cuidado que tenemos que evaluar. Las dos primeras corresponden a formas indirectas de cuidado y suelen ser tareas de gestión, generalmente públicas, que llevan a cabo las personas con más privilegios de la sociedad, habitualmente hombres: la detección de las necesidades de la población —a la que llama *preocuparse por*— y la responsabilidad de responder a dichas necesidades con los recursos disponibles —a la que llama *cuidar de*—. Las dos otras fases se basan en un cuidado directo y recaen en aquellos considerados menos poderosos en la sociedad (Tronto 1993:114). Se tratan del trabajo físico del cuidador —a la que llama *administrar el cuidado*— y de la respuesta por parte de la persona a la que se cuida —a la que llama *recibir el cuidado*— para saber si se ha resuelto la necesidad o no.

Evidentemente, esta estructura legitima un sistema de privilegios en el que ciertas personas evitan sus responsabilidades directas en las actividades de cuidado y el contacto con las necesidades de otros contratando o explotando a terceras personas. Participar tan solo en formas indirectas de cuidado gracias a unos privilegios —a gozar de unos pases de exención, como lo llamará posteriormente— puede conllevar una desresponsabilización social y una falta de compromiso con los demás.

Joan C. Tronto describe brevemente las tres instituciones involucradas en el cuidado: la familia, el estado y el mercado (aunque se le olvidó la sociedad civil). Como el cuidado es cultural, su forma final va a depender en gran medida del peso que se atribuya a cada una de dichas instituciones (Tronto 1995:142). En esta primera etapa empieza a entreverse una crítica al modelo económico que rige buena parte de las políticas estatales, aunque no la desarrolla plenamente. Su conclusión provisional es que la distribución desigual aparece con mayor claridad cuando el cuidado es regulado por el mercado, donde surge una relación evidente entre la capacidad económica y la cobertura de necesidades: «los que pueden pagar más para recibir cuidados, los reciben» (Tronto 1993: 173).

Una ética del cuidado democrática y feminista: Democracia y cuidado *(2013)* y ¿Quién lo cuida? *(2015)*

Veinte años después de la publicación de *Moral Boundaries*, Joan C. Tronto inicia su segunda etapa con la publicación de dos nuevos libros y una serie de artículos que van un paso más allá en el desarrollo de su propuesta eticopolítica feminista: *Democracia y cuidado* (2013) y *¿Quién lo cuida?* (2015). Los subtítulos que dio a estos libros nos permiten entrever sus temas centrales: *Mercados, igualdad y justicia* y *Cómo remodelar una política democrática.* Su proclama de partida es que el déficit de cuidado y el déficit democrático son dos caras de una misma moneda y no podemos intentar solventar uno sin afrontar el otro. Aunque la mayor parte de la teoría política predominante se ha centrado en temas como la crisis de la democracia liberal, la desafección política ciudadana y la baja participación electoral, Joan C. Tronto sigue insistiendo en que la democracia no puede ser verdaderamente tal si no se cuestiona el modelo de cuidado actual. Como tradicionalmente se han asignado las tareas de cuidado a las personas sin participación plena en la sociedad, la relación entre democracia y cuidado no debería parecernos contraintuitiva. Pero no solo defiende que el cuidado debe democratizarse, lo cual justifica a fondo, sino también que la misma democracia está en riesgo si no se la cuida, es decir, que «un estado democrático en el que la ciudadanía no se interese por la justicia, por su papel en el control de los gobernantes y por la propia normativa legal, dejará de ser una democracia en poco tiempo» (Tronto 2013: XIV).

La primera afirmación que Joan C. Tronto recupera de sus análisis anteriores es el impacto de la economía de mercado en la política y en el cuidado. Podemos decir que la economía ha secuestrado a la política, hasta el punto de que pareciera que su única función fuese, en gran medida, permitir el libre desarrollo económico neoliberal y velar por que el acceso al mercado se mantenga regulado al mínimo. ¿Cómo hemos llegado hasta aquí? La primera mitad del siglo XX se caracterizó por un conjunto de medidas económicas de apoyo como la creación de la seguridad social o la prestación de desempleo, así como otros derechos sociales. Entre la década de los treinta y principios de la década de los setenta, se apoyó mucho el igualitarismo y la protección social; la economía iba a buen ritmo y se establecieron fuertes impuestos a las fortunas. Después, a raíz de la crisis del petróleo de 1973 y de las dificultades para controlar la inflación y obtener crecimiento económico aparecieron una serie de nuevas políticas como las de Ronald Reagan en Estados Unidos y las de Margaret Thatcher en el Reino Unido, con recortes de impuestos y disminución del gasto social (Tronto 2017:36). La inversión política en cuestiones sociales pasó a ser asistencialista, es decir, se pensaron una serie de medidas mínimas excepcionales destinadas solo a personas por debajo de los niveles de pobreza. El crecimiento del déficit público y de la tasa de desempleo a principios de los años noventa acabó de reforzar dicho modelo.

Hablamos del neoliberalismo, entendido por Joan C. Tronto como un sistema económico —que limita el gasto público, deja la asignación de recursos sociales en manos del mercado y reduce los programas sociales al mínimo— y como una ideología que proclama una intervención limitada del gobierno. Entendido como ideología, el neoliberalismo hace presunciones problemáticas sobre el cuidado. La primera es que da por hecho que el mercado es la institución más capaz de resolver los conflictos, asignar recursos y permitir que los individuos elijan. La segunda es que define la libertad como la capacidad de elección entre una serie de opciones disponibles. La tercera es que la sociedad la constituyen actores racionales que toman las mejores decisiones en el mercado, por lo que cualquier interferencia es tomada como una coacción a la libertad. El neoliberalismo se sostiene en la idea exclusiva de la responsabilidad individual. Ante un mercado que da respuesta a las necesidades, si estas se quedan sin satisfacer es culpa de la persona por elegir mal. Así, perdemos de vista que las posiciones de partida de cada uno no son las mismas, sino que están condicionadas por desigualdades sociales y materiales; además se desactiva la responsabilidad colectiva y la visión relacional de los humanos. Los que experimenten pobreza, aislamiento social o incapacidad durante la vez serán marcados como «ciudadanos fallidos» y el Estado queda absuelto de su responsabilidad de proveer recursos y dar respuesta a dichos asuntos sociales.

No podemos negar que el mercado cubre parte de las necesidades de cuidado que tenemos en la actualidad, pero desde un punto de vista filosófico hay que preguntarse si los mercados, organizados para satisfacer los deseos humanos, son el mejor lugar para satisfacer nuestras necesidades. Sin embargo, hay otra forma de pensar la relación entre cuidado y política; no podemos tratar el cuidado como una estructura invisible, íntima, que hace de trampolín para saltar a la vida pública. El único modo de reorientar la estructura que rodea las políticas de cuidado exige reorientar el peso que el mercado tiene en ellas. Hay que intercambiar los roles de la vida económica y la vida personal de modo que el propósito de la vida económica sea el apoyo del cuidado y no al revés (Tronto 2015: 39).

Para conseguirlo, Joan C. Tronto propone hacer una serie de cambios básicos: primero, redefinir la democracia para que incorpore los debates y las decisiones sobre cómo distribuimos las responsabilidades de cuidado en la sociedad. Ello implica contar con una ética basada en la responsabilidad y repensar las instituciones y prácticas para que sean altamente participativas. Segundo, redefinir los conceptos de libertad, igualdad y justicia. Para poder hacerlo, la autora incluyó una nueva fase en su teoría —a la que llamó *cuidar con*— que establece un nuevo compromiso social en el cual los ciudadanos cuidan junto con sus conciudadanos. Por lo tanto, la respuesta a la pregunta sobre si hay formas de cuidar más democráticas que otras, la respuesta es meridiana: sí.

La recepción y el debate posterior

Hemos dicho que la ética del cuidado admite que el contexto condiciona nuestra forma de pensar las fronteras morales y posibilita unas formas políticas y sociales u otras. Ante esta afirmación, podríamos preguntarnos si la obra de Joan C. Tronto, en diálogo con la cultura y los problemas de la sociedad estadounidense, nos permite pensar nuestra propia realidad. La respuesta corta: sí y no. Ella misma dedicó un capítulo de libro (Tronto 2020) a reflexionar sobre la posibilidad y las limitaciones de llevar su propuesta a otros países, culturas y tradiciones políticas.

Por un lado, si pensamos en el debate que tanto ella como otras pensadoras dedicadas a la ética del cuidado han estimulado por todo el planeta, podemos afirmar que ha sido un resultado prolífico. La ética del cuidado se va consolidando lentamente como campo de estudio por derecho propio, en contacto con otras disciplinas tan variadas como la sociología, la psicología, la filosofía, la arquitectura y las artes, la geografía, la ecología, las ciencias políticas, las ciencias de la salud, el derecho y un largo etcétera. Las obras de Joan C. Tronto son ampliamente conocidas en el contexto anglófono, pero también han tenido una recepción para nada menospreciable en muchos otros países —su primera traducción fue en Corea del Sur, sin ir más lejos—. Su impacto no solo se ve en los entornos intelectuales o académicos, donde ciertamente, pese a seguir siendo un discurso minoritario, ha ido abriendo camino. También aparecen cada vez más pequeñas muestras de políticas públicas que se basan en estas ideas, como el pacto social por los cuidados impulsado por el Gobierno del País Vasco. En los cerca de cuarenta años que han pasado desde los primeros escritos de Ruddick y Gilligan hemos vivido una nueva ola de feminismo y luchas por los derechos sociales, y a su vez una respuesta contundente de repliegue conservador. Que incluso las empresas se hayan aprovechado del cuidado como estrategia de márquetin nos hace pensar que han cambiado algunas cosas. Sin embargo, esto también implica correr el riesgo de vaciar el concepto de contenido. En el año 2013, Joan C. Tronto se lamentaba que no hubiera habido ninguna revolución del cuidado en los veinte años que habían pasado entre sus dos primeros libros. Hoy día podemos decir que sí la ha habido. Y que todavía queda camino por andar.

A pesar de ello, todo campo de estudio se ve atravesado por unas dinámicas y lógicas que priorizan ciertos discursos por encima de otros. A medida que la ética del cuidado ha recorrido el globo, ha entrado en contacto con otras realidades sociales. A Joan C. Tronto se le ha criticado la falta de un análisis más interseccional y un estudio en profundidad de las injusticias por cuestión de etnia y de clase social, y no solo de género; también se le ha cuestionado que las premisas en las que basa su discurso son las de los modelos políticos liberales occidentales y del feminismo blanco. Como teoría política y moral feminista, parte de su existencia se basa en la autocrítica y en asumir que siempre se toma un punto de vista situado, que puede y debe ser complementado si quiere trasladarse a otros contextos. Según lo veo yo, si pensamos solo en la ética del cuidado como una receta que podemos seguir al pie de la letra para conseguir una forma de cuidado más democrática y una democracia más cuidadora fracasaremos. Joan C. Tronto lo dice explícitamente: los teóricos de la democracia deben dejar de decir cómo hacer política y ceder estas decisiones al debate público. Por lo tanto, recae en cada sociedad, en cada pensadora, en cada ámbito particular, hacer los arreglos de costuras y el diálogo necesario para ver lo que la ética del cuidado puede aportar a ese contexto particular. Incluso el neoliberalismo, extendido por todas partes, toma sus características específicas en cada lugar. Sin embargo, y tras tener en cuenta todos los posibles matices, críticas e incluso enmiendas a la totalidad, que enriquecen el debate, sigo firmemente convencida de que la ética del cuidado y la propuesta de Joan C. Tronto es potente y nos permite enfrentarnos a la incomodidad derivada del hecho de que nuestras estructuras sociales, económicas y políticas ya no se corresponden con nuestras necesidades de cuidado. Nos queda mucho trabajo por delante, un trabajo peliagudo. No hablamos de cambios menores, sino de transformaciones difíciles de imaginar. Pero de vez en cuando va bien recuperar un cierto tono visionario para ir andando el camino hacia un mundo más justo. Como prologuista de este libro, lo dejo aquí. Ahora está en tus manos leerlo de la forma que consideres oportuna.

Iris Parra Jounou
Ottawa, diciembre de 2023

Bibliografía

Butler, Judith; Worms, Frédéric (2021). *Le vivable et l'invivable*. París: Presses Universitaires de France.

Fisher, Berenice; Tronto, Joan C. (1990). «Toward a Feminist Theory of Care». En Emily K. Abel; Margaret Nelson (ed.). *Circles of Care: Work and Identity in Women's Lives*. Nueva York: State University of New York Press, pp. 4-34.

Gilligan, Carol (1982). *In a Different Voice. Psychological Theory and Women's Development*. Cambridge: Harvard University Press.

Held, Virginia (1987). «Non-contractual Society: A Feminist View». *Canadian Journal of Philosophy*, 17 (sup1), p.111-137.

Noddings, Nel (1984). *Caring. A Feminine Approach to Ethics & Moral Education*. California: University of California Press.

Ruddick, Sarah (1980). *Maternal thinking*. Boston: Beacon Press.

Tronto, Joan C. (1987). «Beyond gender difference to a theory of care», *Signs: Journal of Women in Culture and Society*, 12 (4), p. 644-663.

Tronto, Joan C. (1993). *Moral Boundaries. A Political Argument for an Ethic of Care.* Nueva York: Routledge.

Tronto, Joan C. (1995). «Care as a Basis for Radical Political Judgements», *Hypatia*, 10 (2), p. 141-149.

Tronto, Joan C. (2024). *Democracia y cuidado. Mercados, igualdad y justicia*. Barcelona: Rayo Verde.

Tronto, Joan C. (2024). *¿Quién lo cuida? Cómo remodelar una política democrática*. Barcelona: Rayo Verde.

Tronto, Joan C. (2017). «There is an Alternative: *homines curans* and the Limits of Neoliberalism», *International Journal of Care and Caring* 1 (1), p. 27-43.

Tronto, Joan C. (2020). «Caring Democracy: How Should Concepts Travel?». En Petr Urban; Lizzie Ward (ed.). *Care Ethics, Democratic Citizenship and the State*. Suiza: Palgrave MacMillan, pp. 181-198.

Walker, Margaret Urban (1998). *Moral Understandings. A Feminist Study in Ethics*. Nueva York: Routledge.

¿Quién lo cuida?

Agradecimientos

He escrito este ensayo con motivo de la recepción de la Brown Democracy Medal de manos de la Universidad de Pensilvania. Esta medalla, que el McCourtney Institute for Democracy otorga cada año en la Facultad de Artes Liberales de dicha universidad, fue creada por Larry y Lynne Brown, de la promoción de 1971 (Historia) y 1972 (Educación), respectivamente, para reconocer las ideas que mejoran la calidad de la democracia en Estados Unidos y en todo el mundo. Es un honor recibir la Brown Medal de este año; agradezco la dotación por parte de sus creadores y la gestión de esta que el McCourtney Institute for Democracy, de la Universidad de Pensilvania, lleva a cabo. El director de la institución, John Gastil, y la editora Sarah Cypher también me brindaron unos consejos y un respaldo inestimables durante la redacción de este ensayo. Asimismo, quiero expresar mi gratitud a Raymond Duvall, de la Universidad de Minesota, y a Mary Dietz, de la Universidad del Noroeste, por secundar mi candidatura al galardón, así como a Jim Stanger, de Channel Z, en Mineápolis, por ayudarme en la preparación de mi candidatura.

Durante los últimos treinta años, aproximadamente, he debatido sobre el cuidado, entendido como un ideal ético y político, con un gran número de académicos, estudiantes, activistas y trabajadores del sector de la salud, y quiero expresarles mi agradecimiento por todo lo que me ha enseñado esta creciente comunidad de la «ética del cuidado». Berenice Fisher y yo concebimos la definición original de «cuidado» que ha servido de base a todo mi trabajo posterior, por lo cual sigo en deuda con ella. Mis estudiantes, por lo general escépticos sobre estas ideas, me han asistido de un modo valioso. Y mi vida no sería tan rica sin todos mis familiares, amigos y colegas con quienes comparto y cuido. También manifiesto mi reconocimiento a la NYU Press por publicar *Caring Democracy: Markets, Equality, and Justice* (2013).[2]

Por último, mi inspiración diaria emana de ver tanto cuidado y tanta energía democrática a mi alrededor. Desde las protestas con el sello «Black Lives Matter» hasta el respaldo a los bancos de alimentos, los ciudadanos presionan a nuestra democracia para que se dedique más al cuidado. Cuidar de forma conveniente y orientar nuestras

2 *Democracia y cuidado. Mercados, igualdad y justicia* (2024). Traducción de Jean-François Silvente. Barcelona: Rayo Verde.

preocupaciones cotidianas a mejorar las expectativas de nuestra vida democrática requiere un esfuerzo diario heroico. Espero que este ensayo llame la atención hacia la realidad del cuidado vigente y de los compromisos con la igualdad que veo cada día. Y confío en que inspire a otras personas para ayudar a transformar nuestra política, de modo que adopte el cuidado democrático como un valor central.

Introducción

Se suele pensar en el mundo del cuidado y en el de la política como en dos mundos distantes. Ello se debe, en parte, a que relacionamos de forma errónea el cuidado con la compasión y la bondad, y la política con el interés propio. De hecho, ¿qué se nos antoja menos solidario que el agresivo mundo de la competencia traicionera que concebimos como política? Este modo de pensar goza de una larga tradición en el pensamiento político; incluso Aristóteles creía que primero recibimos cuidados y después estamos preparados para entrar en la política. Él entendía que el cuidado es un ámbito de relaciones desiguales irrelevante para que un actor político ejerza su poder.

Sin embargo, existe otro modo de pensar en la relación entre el cuidado y la política. Se trata de dos mundos que están íntimamente entrelazados, sobre todo en una democracia. Cuando subestimamos su interdependencia, lo hacemos a costa de nuestra democracia. Debemos reconsiderar esta relación si pretendemos que este sistema de gobierno siga adelante.

Se suele afirmar que vivimos una crisis del cuidado. Es decir, que nos enfrentamos a una escasez de cuidadores profesionales para resolver las necesidades asistenciales del creciente número de ancianos que necesitarán cada vez más atenciones. No obstante, esta crisis implica algo más que unas predicciones demográficas y laborales. Todos lo experimentamos a diario de un modo u otro: «Ojalá tuviera más tiempo para dedicarme a mis seres queridos, contribuir en causas que me preocupan o estar disponible para mis amigos». Pasamos mucho tiempo llevando a cabo tareas ingratas y poco en las que valen la pena de verdad. ¿Cómo es posible que todo esté tan vuelto del revés? Cada cual interpreta esa presión como un fracaso personal. Pero no lo es. Es un problema *político*. Defenderé que lo que perjudica nuestra democracia no es (o no es tan solo) el hecho de que haya demasiado dinero invertido en política, o que las elecciones no sean lo suficientemente importantes o deliberativas, o que haya un sinfín de preocupaciones sobre cómo gestionamos nuestra política democrática. En cambio, quiero argumentar que lo que hoy en día llamamos «política» es un error, y que nuestra obsesión con la democracia de mercado tergiversa lo que debería ser nuestra preocupación principal: el cuidado. El mercado no puede tomar decisiones éticas sobre quién recibe qué tipo de cuidado. Sin embargo, nuestra democracia está organizada de tal forma que amplios segmentos de la gestión pública se ofrecen a precios prohibitivos, segmentos que nos curarían cuando cayésemos enfermos, nos educarían cuando estuviéramos preparados para aprender, nos permitirían dedicar tiempo a nuestros hijos y reforzarían la seguridad de nuestros seres queridos. El resultado es desastroso para el tipo de igualdad que resulta esencial en una democracia operativa. Para resolver este problema es preciso una nueva comprensión del cuidado y una definición más ajustada de «democracia».

Cuando comprendamos lo que significa el cuidado, tendremos que redefinir la democracia

Definición del cuidado

Cuando hablo de «cuidado», no aludo solo a la atención sanitaria, o a la que se presta a los niños y a los ancianos. No me refiero a encontrar una canguro en una web llamada Cuidado.com. Lo que remarco, tal y como Berenice Fisher y yo enunciamos hace un tiempo, es que:

> En el nivel más general, el cuidado es una actividad de nuestra especie que comprende todo lo que hacemos para mantener, continuar y reparar nuestro mundo de forma que podamos vivir en él de la mejor manera posible. Ese mundo incluye nuestros cuerpos, a nosotros mismos y nuestro entorno, todo lo cual intentamos entrelazar en una compleja red que sustenta la vida.[3]

3 Berenice Fisher y Joan C. Tronto (1990). «Toward a Feminist Theory of Caring». En *Circles of Care*. Emily K. Abel y Margaret K. Nelson (eds.). Albany: SUNY Press (40); Joan C. Tronto (1993). *Moral Boundaries: A Political Argument for an Ethic of Care*. Nueva York: Routledge (103).

Por lo general, cuando la gente oye esta definición, se sorprende. ¡Es tan amplia! Da la sensación de que casi todo lo que hacemos esté relacionado con el cuidado. Es cierto, se manifiesta en todos los aspectos de nuestra vida. Ahora bien, no acostumbramos a planteárnoslo a un nivel tan amplio y general. Las diferentes formas de cuidado —por ejemplo, la cirugía cerebral, la enseñanza en secundaria o la limpieza a fondo de un coche— poseen elementos definitorios distintos. Aun así, tienen en común el esfuerzo por mantener en funcionamiento su propia parcela del mundo mediante, pongamos por caso, el lavado de la ropa, la planificación de la ayuda financiera para los adultos con discapacidad psíquica, la preparación de la comida de los niños, etc. El cuidado consiste en satisfacer necesidades, y siempre es *relacional*: la herida en la rodilla de un niño que se ha caído de la bicicleta no tiene que ver solo con rasguños y gérmenes, sino también con crear las condiciones para que se sienta seguro en el mundo.

No todos coincidimos en cuál es el mejor modo de dar o recibir cuidado. La convención «de forma que podamos vivir en el mundo de la mejor manera posible» es muy flexible. En algunas prácticas asistenciales, los requerimientos están claros. Los físicos y los ingenieros se ven obligados a cumplir con un patrón asistencial que esté en consonancia con las mayores evidencias científicas. Sin embargo, las normas asistenciales dependen de los valores sociales. Y estos cambian: lo que era considerado castigo corporal hace una generación, hoy se considera maltrato infantil.

Si creemos que las cuestiones morales y políticas deberían ir acompañadas de respuestas directas basadas en sólidos principios, entonces existe otra característica del cuidado que resultará frustrante. Convertirlo en una preocupación moral de primer orden presupone una teoría moral y política diferente, porque no nace de unos principios abstractos que permitan razonar hasta pronunciarse sobre lo que está bien y lo que está mal. Nace *in medias res*. Las prácticas del cuidado no se inician de forma súbita; ya están en curso. Como en democracia, siempre hay desacuerdos, distracciones molestas y complicaciones. El truco consiste en determinar las mejores formas de prestar cuidado en un momento y una situación determinados. Y ello depende del establecimiento de un proceso democrático para asistir y satisfacer las necesidades asistenciales.

Así pues, ¿qué significa cuidar bien? Es habitual considerar el cuidado como un extra que se añade a una tarea —por ejemplo, el empeño que un enfermero puede poner en conversar con sus pacientes antes de que estos se vayan a dormir—. Con todo, podemos y debemos ser más explícitos sobre lo que constituye el buen cuidado. Como punto de partida para reconsiderar la democracia desde esta perspectiva, Berenice Fisher y yo hemos concebido cuatro fases que nos ayudan a analizar las prácticas asistenciales de un modo más exhaustivo. Nos hemos percatado de que el buen cuidado toma forma cuando estas diferentes partes se manifiestan en conjunto.

1. *Preocuparse por*. En primer lugar, el cuidado se origina en la satisfacción de unas necesidades. Si bien algunas pueden resultar obvias, discernirlas es en realidad una tarea complicada. Incluso los ejemplos más simples pueden ocultar esa complejidad. Un bebé que llora, ¿acaso tiene hambre? ¿Quiere que lo cojan en brazos? La mayoría de los ejemplos son más complejos. Si pensamos en que la gente de ciertos barrios es pobre, nos podemos preguntar: ¿Por qué? Este tipo de pregunta invita a una profunda reflexión sobre «la política de la interpretación de las necesidades».[4] Así pues, lo que el cuidado requiere ante todo es que exista un interés por identificar las necesidades asistenciales.

2. *Cuidar de*. En segundo lugar, el hecho de que haya una necesidad no significa que alguien en particular deba atenderla. En las ciudades, la

4 Nancy Fraser y Linda Gordon (1994). «A Genealogy of Dependency: Tracing a Keyword of the U.S. Welfare State». *Signs* 19 (2).

gente acostumbra a caminar junto a los sintecho como si no existieran, tal vez pensando: «Alguien debería hacer algo al respecto…». Aceptar la responsabilidad y percatarse de que hay que hacer algo conforma la segunda fase.

3. *Administrar el cuidado*. Una vez que se ha identificado la necesidad y que alguien ha tomado la responsabilidad de atenderla, satisfacerla requiere trabajo. La tercera fase consiste en la propia administración del cuidado. Por ejemplo, los epidemiólogos tienen que estudiar la expansión de los virus, las crecidas de las aguas deben contenerse, alguien debe enseñar inglés a los nuevos estudiantes, etc. La administración del cuidado plantea preguntas sobre las prácticas adecuadas. ¿Son preferibles los cupones para alimentos a entregar una cantidad extra de queso? ¿Ser un profesor severo es beneficioso para los estudiantes o les supone demasiada presión? ¿Está reparada la fuga del grifo? Y hay otra complicación: las personas que reconocen la necesidad no tienen por qué ser las mismas que toman la responsabilidad de atenderla, y los responsables no son necesariamente quienes la cubren. Un hijo puede ser el responsable de gestionar la visita médica de sus padres, así que contactará con el asistente social oportuno. No obstante, si los responsables asignan unos recursos basados en una limitada concepción del

cuidado, entonces es posible que su asignación sea demasiado restringida. Se trata de un problema frecuente —los hospitales acostumbran a padecer escasez de suministros; por ejemplo, de unidades telemétricas—. Los cuidadores aprenden a sobrellevar el cuidado en circunstancias poco menos que adversas.

4. *Recibir el cuidado*. Una vez cumplida la tarea del cuidado, aún queda otra fase. ¿Cómo sabemos que fue efectivo? La recepción del cuidado genera una respuesta. Dado su carácter ubicuo, en parte se trata de una rutina: lavar los platos después de comer, tapar los baches de las calles, etc. Sin embargo, aunque los receptores no den las gracias —ni el bebé ni el paciente que está en coma las van a dar—, el cuidado no se completa hasta que la necesidad ha sido satisfecha. Ello supone volver a analizar la situación y los recursos asignados para mejorarla. Por lo general, este segundo análisis conduce a la detección de nuevas necesidades, y el proceso se repite. Sin fin. Las necesidades no terminan hasta que nos morimos. El cuidado siempre está presente, aunque no suele ser visible, siempre requiere nuestra atención.

Como se puede sobrentender, el cuidado comprende un compromiso moral y de valores. A cada fase se le puede adjudicar unas prácticas morales específicas, y esto incluso podría servir de base para saber qué entiende nuestra democracia por «buen ciudadano». Las prácticas asistenciales intensifican algunas habilidades morales cotidianas, porque cuanto más hacemos algo, mejor lo hacemos. En eso consiste la práctica. Así pues, «preocuparse por» hace que estemos *atentos*. Cuando tenemos que estar vigilantes con respecto a las necesidades por atender, detectamos más carencias. Las personas que trabajan en centros de acogida para mujeres son más propensas a detectar a las víctimas de abusos porque están atentas a este tipo de problema. La segunda fase, «cuidar de», nos hace ser *responsables*. Contraer responsabilidades entrena nuestro ojo para detectar cuándo otras personas hacen o no lo propio cuando les corresponde. Para los profesores de la escuela primaria se ha convertido en algo natural preguntar a sus alumnos: «¿Quién se presenta voluntario para el grupo de limpieza?», porque siempre piensan en la responsabilidad de sus alumnos. Administrar el cuidado también nos hace *competentes*. Si se supone que debemos controlar la presión sanguínea de un paciente, tenemos que saber cómo hacerlo. La competencia no es tan solo una medida técnica; para muchas personas, se convierte en una medida de su excelencia. Finalmente, recibir el cuidado nos dota de *responsividad*. Si pretendemos medir los efectos de nuestro cuidado, debemos saber qué ha ocurrido, cómo han respondido las personas o las cuestiones que han sido atendidas y qué debemos hacer a continuación. En un contexto democrático, pediremos a los receptores que valoren, si pueden, la calidad del cuidado recibido. Es muy probable que en su respuesta detectemos la articulación de nuevas necesidades que se deberán cubrir.

Por lo tanto, el cuidado es un proceso complejo, y además condiciona aquello a lo que prestamos atención, cómo entendemos la responsabilidad, qué hacemos, cómo respondemos ante el mundo que nos rodea y qué concebimos como importante en la vida. En resumen, una democracia operativa está repleta de personas atentas, responsables, competentes y con capacidad de respuesta.

El cuidado está ya por doquier. Y todos nosotros somos tanto cuidadores como receptores —todos y cada uno de nosotros—. Esto es cierto para todos los seres humanos, ya sean jóvenes, ancianos o enfermos. Pero también es cierto para ti y para mí a diario. Cada día nos alimentamos, nos vestimos y nos procuramos cobijo para poder vivir en el mundo tan bien como nos sea posible. Nos preocupamos por los demás y por nosotros mismos, así como los demás se preocupan por nosotros. Nos detenemos en el supermercado y compramos comida preparada para llevar a casa; allí, esperamos que el servicio de recogida de basura funcione sin problemas. Toda esta actividad asistencial a nuestro alrededor es continua. Es tan omnipresente que rara vez pensamos en ella. Sin embargo, ahora que nosotros hemos empezado a meditar sobre ello, señalemos algo más al respecto. El cuidado siempre está impregnado de poder. Y eso lo convierte en un asunto profundamente político.

El cuidado y la política

Afirmar que el cuidado es profundamente político nos obliga a reflexionar sobre la política, escrita tanto con *p* minúscula como con *P* mayúscula. La política con minúscula es la que sucede en nuestra vida diaria. No interpretamos muchas de nuestras interacciones cotidianas como políticas, pero creo que deberíamos hacerlo. La vida de cada día es política porque todo tipo de cuidado, toda respuesta a una necesidad, implica relaciones de poder. Los cuidadores gozan de una posición de poder relativo, en especial cuando nos referimos al cuidado que no podemos proporcionar por nosotros mismos. Los niños están a merced de sus cuidadores en lo que a protección y alimentación se refiere, y en ocasiones estos ejercen su poder de una forma trágica. Los médicos tienen poder sobre sus pacientes, y los hospitales han establecido protocolos (tales como el consentimiento informado) para intentar protegernos de los abusos de ese poder.

Además, cada necesidad asistencial puede ser satisfecha de múltiples formas. ¿Cómo se actúa ante el residente de una residencia de ancianos que se pasa la noche gritando «¡Ayuda!». Consensuar una solución entre los cuidadores, la familia, el residente y las demás personas que comparten el centro con él es un proceso político. Todo ese cuidado requiere una «política» en el sentido de que los actores con un poder desigual se unen para acordar un resultado.

Si profundizamos un poco más, veremos que la Política, con *P* mayúscula, también está presente. Todo acto asistencial sucede en un contexto político más amplio que refleja los valores, las leyes, las costumbres y las instituciones de una sociedad específica. Retomemos el caso del residente que grita por la noche. En primer lugar, ¿por qué está ahí esa persona? Para ello, se han tomado una serie de decisiones previas: de forma individual, entre el residente y su familia; en sociedad, mediante una serie de valores sobre dónde y cómo deben vivir las personas ancianas, y según la normativa legal y política, por medio de la cobertura que prestan la Seguridad Social pública, los centros concertados y el reglamento que controla el pago a las residencias. En el nivel más amplio, todas las sociedades organizan actividades asistenciales.

El resultado es que la aplicación de soluciones Políticas para un problema asistencial concreto tiene repercusiones trascendentes, con consecuencias para la democracia. Consideremos este ejemplo familiar: los padres que tienen hijos que van al colegio saben muy bien que los horarios escolares y los laborales no coinciden. Las jornadas de la escuela son más cortas que las del trabajo, y, además, los chicos están en casa durante todo el verano. Para los niños en edad escolar, las horas que median entre el final de las clases y el momento en que sus padres llegan a casa son las más precarias, las más propicias para que se metan en problemas. Para los padres menos solventes, aquellos que no pueden pagar una guardería o a una persona que haga de canguro, tales discrepancias son incluso peores. Supongamos que, como ciudadanos democráticos, consiguiéramos solucionar la cuestión del calendario escolar. La escuela podría comenzar antes de que los padres se dirigiesen al trabajo y terminar una hora después de que lo abandonasen. Las vacaciones escolares se podrían coordinar con las vacaciones laborales. La cuestión es: ¿cómo podríamos llevarlo a cabo, considerando las exigencias del trabajo? Bueno, pues tendríamos que reflexionar largo y tendido sobre quién debería trabajar y cuándo. Tal vez las horas de trabajo deberían ajustarse en el transcurso de la vida laboral —por ejemplo, los padres podrían disfrutar de ellas cuando los niños fueran pequeños y recuperarlas cuando estos fuesen mayores; las personas sin hijos podrían acumular sus horas extras y jubilarse antes—. Las posibilidades son muchas. Sin embargo, aplicarlas requeriría de unos cambios fundamentales en nuestra organización social del tiempo. Y una vez que comenzáramos a meditar sobre ello, tendríamos que reordenar no solo los horarios escolares, sino también los planes de estudio. Sería necesario adaptar los horarios laborales. Habría que reorganizar el transporte. De hecho, deberíamos reconsiderar en qué tipos de viviendas viven los padres: ¿qué sentido tiene vivir en zonas de dispersión urbana si el objetivo es organizar la vida de modo que los hijos puedan ir y volver del colegio fácilmente? ¿Hasta qué punto se deberían controlar y organizar estos asuntos a nivel local? ¿Y a nivel regional? ¿Y a nivel estatal?

Podemos pensar que el cuidado es natural, pero en cuanto recordamos que este depende del modo en que deseemos vivir en el mundo «de la mejor manera posible», ya deja de parecernos un proceso instintivo. Si prestamos atención, veremos la dificultad que conlleva la Política. No queda exenta ni la educación de los hijos. ¿Qué nombre se debe poner a los bebés, y quién debe hacerlo? ¿Hay que perforarles las orejas cuanto antes, y hay que circuncidar a los niños pequeños? Las prácticas asistenciales requieren decisiones sobre quién hace qué, y ponen en claro que el cuidado no es solo Político (a nivel institucional), sino también político, porque sucede en nuestra vida y nuestras decisiones cotidianas.

Existen sociedades en las que se considera que ciertas personas son esclavas o miembros de una casta inferior, y a ellas se les reserva el trabajo sucio. También hay sociedades que consideran el cuidado como una labor del hogar sin relación con la vida pública. Son innumerables las formas en que las sociedades se organizan al respecto. Sin embargo, no existiría ninguna sociedad sin costumbres, tradiciones, leyes y normativas relacionadas con las prácticas asistenciales. Por lo tanto, toda sociedad alberga una cultura del cuidado que es congruente con sus instituciones sociales y políticas, así como con su cultura en general y las prácticas que le son propias.

Durante la mayor parte de la historia de la humanidad, en la mayoría de las sociedades, el cuidado se ha asociado con la gente humilde. Los profesionales del cuidado infantil están entre los peor pagados de Estados Unidos. Quienes se dedican al cuidado no cariñoso, al «trabajo sucio», son los peor considerados de la sociedad.[5] Una vez más, se trata de una cuestión que nos parece natural: los aristócratas de la serie *Downton Abbey* disponen de un séquito de asistentes, tal y como esperaríamos de su clase y época. Ser poderoso

5 Muchos trabajadores asistenciales cobran sueldos muy bajos y se ven obligados a depender de la asistencia pública. Véase Paraprofessional Healthcare Institute (2015). «Paying the Price: How Poverty Wages Undermine Home Care in America». Washington, D. C.

significa tener a alguien que cuide de uno. El cuidado no afecta solo a los felices momentos en los que se salva la vida de un paciente, un estudiante tiene una brillante idea o un ser querido nos acaricia agradecido. También tiene que ver con el trabajo arduo, difícil y conflictivo. En términos asistenciales, ser poderoso significa poder endosarle a alguien las partes desagradables del cuidado y guardarse para uno mismo aquellas que resulten placenteras.

No obstante, si los ciudadanos acentúan su prepotencia haciendo que otros les cuiden, y ejercen su poder para evitar el trabajo penoso, entonces ¿cómo encaja el cuidado en una sociedad que está, en principio, comprometida con la idea de que todos somos iguales? Si todas las sociedades deben organizar el cuidado de un modo u otro, ¿existe alguna forma de cuidar más democrática que otra?

Durante la historia, las democracias han optado por mantener a algunas personas fuera de la vida política y asignarles obligaciones asistenciales. La antigua democracia ateniense, que solemos considerar altamente participativa, restringía los roles políticos a quienes podían ser considerados iguales; es decir, hombres que habían nacido dentro de la ciudadanía. Las mujeres, los esclavos, los niños y los metecos (trabajadores cuyas familias procedían del extranjero) quedaban excluidos de la ciudadanía porque, entre otras cosas, tenían «obligaciones domésticas».[6] A medida que las democracias modernas han luchado por ser más inclusivas, han tenido que reconsiderar una fórmula sencilla: «Asignemos tareas asistenciales a quienes hemos excluido de la plena ciudadanía».[7] Dado que el cuidado es tan ubicuo, y que nuestras preguntas sobre la igualdad hacen referencia al núcleo de los valores sociales, quizá sería mejor concebir la democracia a partir de la organización del cuidado. Desde esta óptica, podemos redefinir la democracia para aprehender el modo en que gestiona el cuidado.

Es posible que se advierta una paradoja en el fondo de mi propuesta. La democracia requiere que las personas sean iguales, pero, en esencia, el cuidado se basa en la desigualdad. ¿Cómo podemos transformar algo tan desigual en algo basado en la igualdad?

6 Aristóteles, *Política*, (II.II.15.).

7 No obstante, la «ciudadanía parcial» sigue caracterizando las formas en que se trata a los cuidadores migrantes no ciudadanos. Véase Rhacel Salazar Parreñas (2001). *Servants of Globalization: Women, Migration, and Domestic Work*. Stanford: Stanford University Press.

Concuidar

Todo acto asistencial es desigual. Sin embargo, a través de las generaciones, así como a lo largo de la vida de cualquier persona, se puede establecer un objetivo democrático para nivelar las desigualdades. A los receptores de la prestación por jubilación no se les considera gorrones o vividores, sino «jubilados», porque la Seguridad Social es un reconocimiento a sus pasadas contribuciones al cuidado. A lo largo de nuestra vida hay momentos de necesidad o de abundancia particulares. Este equilibrio en los roles del cuidado puede ocurrir a nivel social. Podemos considerar que se trata de una quinta fase del cuidado: *concuidar*. Las cuatro primeras fases concebían al ciudadano como alguien atento, responsable, competente y dotado de responsividad; «concuidar» implica toda una ciudadanía comprometida con tales principios, y que se beneficia de ellos, durante toda la vida. «Concuidar» es nuestro nuevo ideal democrático.

Lo que hace que el cuidado sea igualitario no es la perfección de un acto asistencial específico, sino el hecho de que podamos confiar en que, a través del tiempo, seremos capaces de reciprocar el cuidado que hayamos recibido de nuestros conciudadanos y que ellos harán lo propio con el que les hayamos proporcionado nosotros. A partir de este patrón de comportamiento, podemos esperar que las virtudes morales sean más profundas: confiaremos los unos en los otros y en nuestras instituciones sociales y políticas, y seremos solidarios con los demás ciudadanos, porque serán copartícipes del cuidado que proveamos y recibamos. Siendo la vida lo que es, al fin y al cabo, no deberíamos esperar que todo suceda de un modo absolutamente armónico. No obstante, como ciudadanos democráticos, nuestro objetivo consiste en garantizar que se rectifiquen los desequilibrios pronunciados. Nuestros procesos políticos deberían garantizar que todo el mundo pueda presentar sus demandas. Si hay personas que siguen cargando con gran parte del «trabajo sucio» asistencial, entonces merecen que se las escuche. Lo que igualaremos no serán los actos, sino las responsabilidades del cuidado —y como prerrequisito, los debates sobre cómo se asignan esas responsabilidades—. De ahí, llegamos a una nueva definición de democracia: *La democracia es la asignación de responsabilidades asistenciales y la garantía de que todo el mundo puede participar en esas asignaciones tanto como sea posible.*[8]

Con todo, alguien podría objetar: «¿No se está haciendo ya? ¿No es el nuestro un país progresista?». El propósito de una democracia que «concuide» no es el de presuponer que cuando se dice «todos los hombres son creados iguales», se quiere decir que todas las personas *son* siempre exactamente iguales. Este problema ha sido resuelto en la mayoría de las teorías democráticas asumiendo que somos iguales en un grado suficiente. Aun así, cuando pensamos en un ciudadano tipo, la imagen errónea que a veces nos surge es la de alguien muy racional que solo emplea la razón cuando se trata de tomar decisiones sobre su vida.

En realidad, esta imagen limita la inclusión democrática a algunos aspectos del ser humano. Cuando las personas son vulnerables, están necesitadas o responden a unos estímulos emocionales, en cierto sentido se apartan de nuestros supuestos sobre lo que define a un «ciudadano». Tal vez nuestra aspiración no debería consistir solo en concebirnos ciudadanos en aquellos momentos de plena madurez, sino en reconocer que lo somos durante toda nuestra vida. Si ampliáramos nuestra noción de «ciudadano» para incluir de verdad a todos los

8 Para una mayor exposición y justificación sobre la democracia del cuidado, véase Joan C. Tronto (2024). *Democracia y cuidado. Mercados, igualdad y justicia*. Barcelona: Rayo Verde.

ciudadanos, entonces nuestro concepto de nosotros mismos y de los demás también sería más dilatado. Solemos asumir que la gente es exactamente como nosotros (y debería actuar como los hacemos) o es muy diferente. Sin embargo, una nueva perspectiva reconocería que todo el mundo —jóvenes, ancianos, enfermos y demás— forma parte de un sistema activo de actos asistenciales en el cual, en ocasiones, nos hallamos en uno de los extremos de la escala dar-recibir, y otras veces en el centro. La igualdad no es un punto de partida para los ciudadanos democráticos. Se trata de algo que todos alcanzan, no mediante una «identidad» como ciudadano, sino a través de una acción concertada a lo largo de la vida. Para que la ciudadanía democrática sea inclusiva de verdad, tenemos que reconocer que el cuidado es lo que nos conducirá a ello.

Como ciudadanos, debemos decidir en términos generales de qué modo organizaremos el cuidado. No se trata de que todo el mundo cargue con todo el trabajo ni de que el Gobierno organice todos los detalles. No obstante, el reparto de las responsabilidades del cuidado es una cuestión política, y debería gestionarse a través de la política.

Además, dado que la exclusión ha sido casi siempre el método empleado para sobrecargar a algunas personas con responsabilidades asistenciales desmesuradas, es importante que se incluya a todo el mundo en este proceso. De otro modo, según demuestra la historia, los excluidos seguirán abrumados con tales obligaciones. Vamos a examinar lo que esto significa en el estado del cuidado —y de la democracia— en Estados Unidos hoy en día.

Cuidado SA

¿Un mercado libre para todos?

Cuando pensamos en la democracia, solemos considerarla como un conjunto de disposiciones institucionales mediante las cuales elegimos a los servidores públicos. Cuando nos planteamos por qué lo hacemos de forma democrática (es decir, cuál debería ser su objetivo principal), nos limitamos a decir que deberían intentar maximizar la libertad y la igualdad para los ciudadanos. No obstante, los políticos democráticos se han dedicado cada vez más a gestionar la economía, lo cual suscita la pregunta: ¿con qué fin?

La respuesta más habitual hoy en día en Estados Unidos es que el propósito de gestionar la economía es el de permitir a los mercados disfrutar de la mayor libertad posible. Esto presupone que un mercado libre forja ciudadanos democráticos libres. Sin embargo, desde la perspectiva del cuidado, este planteamiento es altamente imperfecto. Existe una conexión profunda entre la Política, entendida como una normativa nacional, y la política cotidiana. Las instituciones determinan quiénes somos y qué opinión nos autoconferimos en cuanto ciudadanos. Si pretendemos crear un entorno propicio para que los ciudadanos sean libres en condiciones de igualdad respecto del cuidado, entonces tendremos que reconsiderar este enfoque basado en el mercado.

Durante la mayor parte de la historia estadounidense, el cuidado se ha practicado en los hogares. Con el auge de la industrialización y la urbanización, el trabajo y el cuidado se han ido separando cada vez más de la vivienda. Algunas de las tareas que se habían venido organizando en torno de la casa y de las instituciones locales, tales como las iglesias —por ejemplo, actos relacionados con el nacimiento, la muerte, la educación y la provisión de ropa y de cobijo—, se fueron distanciando del hogar y se profesionalizaron. Algunas formas de cuidado pasaron a ser responsabilidad del Gobierno —la educación pública, la creación de jefaturas de policía, el control estadístico de los nacimientos, las defunciones, los matrimonios, etc.—. Otros servicios terminaron siendo productos de mercado.

Nuestro modelo actual de cuidado depende de la familia, el mercado y el Estado. A medida que las viviendas eran cada vez más pequeñas, más se fue profesionalizando el cuidado en el mercado. Desde la ropa confeccionada hasta la harina empaquetada o desde el jarabe para la tos hasta las niñeras de alquiler, recibir cuidado depende de tener dinero. El modo de ganar dinero es mediante el cobro de un salario, lo cual permite a las familias adquirir bienes y convertirlos, por medio del esfuerzo de los componentes del hogar, en asistencia familiar.[9] A principios del siglo XX, los reformistas apostaron por un «sueldo familiar» —un salario mínimo suficientemente alto para poder mantener a toda una familia—.[10] Con la aplicación de mecanismos legales como el del salario mínimo, el Gobierno aseguraba de forma indirecta que las familias pudieran llevar a cabo el trabajo asistencial que necesitaban. El Gobierno también ha gestionado asignaciones directas del cuidado, como, por ejemplo, a través de la creación de la Seguridad Social en los años treinta, el Medicare en los años sesenta y la Affordable Care Act en los años dos mil. Con todo, hoy en día, en parte porque la ideología actual mantiene que los mercados son mejores que los Gobiernos, la mayoría del cuidado se organiza por medio del mercado.

9 Amy Bridges (1980). «La otra cara del sueldo». En *Patriarcado capitalista y feminismo socialista*. Edición al cuidado de Eugenia Huerta. México, D. F.: Siglo XXI editores, S. A.

10 El sueldo familiar fue una solución controvertida al problema de los salarios insuficientes. Para más información sobre este debate, véase Nancy Fraser (1997). «Después del salario familiar. Un experimento conceptual postindustrial». En *Iustitia Interrupta: Reflexiones críticas desde la posición «postsocialista»*. Traducción de Magdalena Holguín e Isabel Cristina Jaramillo. Bogotá: Universidad de los Andes.

La democracia de mercado

A medida que nuestra democracia se ha ido ajustando a las necesidades de inclusión, los antiguos valores han sido desplazados por actitudes de mayor igualdad. El resultado es que el cuidado ha ido cambiando a través del tiempo. El género sigue condicionando quién lleva a cabo la mayoría del trabajo asistencial profesional en la sociedad, y el trasfondo racial y socioeconómico sigue estipulando quién tiene más probabilidades de cargar con el trabajo sucio asistencial.[11] Este hecho persiste, aunque ya no creamos que las mujeres y las personas racializadas sean especialmente aptas para las profesiones asistenciales.

Existe otra faceta de este cambio de perspectiva. Hemos caído en un círculo vicioso a la hora de reflexionar sobre el cuidado, en especial desde el punto de vista de la democracia de mercado.

11 Mignon Duffy (2011). *Making Care Count: A Century of Gender, Race, and Paid Care Work*. New Brunswick: Rutgers University Press.

El cuidado de mercado opera dentro de un orden económico llamado «neoliberalismo». Este «liberalismo» no hace referencia a la izquierda política del Partido Demócrata de Estados Unidos, sino a la asociación histórica del libre mercado del capitalismo con la libertad política, que se suele asociar con la democracia. Desde una concepción clásica, si el Gobierno interfiere en el mercado, reduce la libertad individual. En el modelo neoliberal, estos problemas se han actualizado para tener en cuenta el papel que los Gobiernos han venido desempeñando a la hora de ayudar a los ciudadanos para que practiquen el cuidado por sí mismos, así como la creciente naturaleza global del mercado. Así, los neoliberales se manifiestan en contra de las restricciones comerciales y defienden la desfinanciación de las instituciones gestionadas por el Estado, como las escuelas públicas. Incluso se atreven a describir el modo en que las personas deben comportarse para encajar dentro de este nuevo orden económico.[12] El neoliberalismo no afecta solo a la Política, sino también a la política a nivel cultural.

Hay quien denomina este cambio «Revolución Reagan». El presidente Reagan dijo: «El Gobierno no es la solución, es el problema». Lejos de tratarse de una ocurrencia partidista, esta visión ha dominado nuestra cultura política durante una generación. Bill Clinton y todos los presidentes después de él han repetido el mantra: «La era del gran Gobierno ha terminado».

Los puntos esenciales de esta argumentación, una vez reconstruidos, quedan más o menos así: el mercado es el modo más eficiente de distribuir bienes y servicios, y, puesto que ya es global, el mundo es «plano».[13] La competencia global requiere que los ciudadanos redeterminen su actitud; no pueden

12 «No solo el ser humano está configurado exhaustivamente como *Homo œconomicus,* sino que todas las dimensiones de la vida humana están determinadas en función de una racionalidad de mercado [...] [Redunda en] que toda acción humana e institucional se transforma en una acción empresarial racional, llevada a cabo conforme a un cálculo de utilidad, beneficio o satisfacción frente a una tabla microeconómica de escasez, suministro y demanda, amén de la neutralidad de los valores morales. El neoliberalismo no se limita a asumir que todos los aspectos de la vida social, cultural y política se pueden reducir a dichos cálculos, sino que desarrolla prácticas y crea recompensas institucionales para promulgar esta visión». Wendy Brown (2005). *Edgework: Critical Essays on Knowledge and Politics.* Princeton: Princeton University Press (40).

13 Thomas Friedman (2006). *La tierra es plana: breve historia del mundo globalizado del siglo XXI.* Traducción de Inés Belaustegui Trías. Madrid: Martínez Roca.

seguir esperando que los mimen, deben afrontar nuevas realidades. Los negocios deben liberarse de las restricciones laborales para poder ser flexibles. Todo debe calcularse para maximizar el beneficio. «Responsabilidad» para las escuelas significa que tiene que haber unos resultados medibles y fiables que se puedan emplear para compararlas unas con otras. La competencia mantiene a la gente activa y atenta, por lo cual quien crea que puede perder su trabajo tendrá que trabajar más duro. La primera ministra británica Margaret Thatcher explicó que «no existe alternativa» a este sistema mercantil.

Sin embargo, es evidente que existen otras formas de organizar la economía política. Consideremos la cuestión de la creación de empleo. Supongamos que, para crear más empleo, los políticos prometen rebajas impositivas a una empresa local si construye una planta en la ciudad A. Pero la ciudad B entra en el juego, ofreciendo rebajas impositivas a largo plazo. La ciudad B gana y se queda con los puestos de trabajo; empero, pierde futuros ingresos tributarios. En cambio, en el pasado, una forma destacada de crear empleo consistía simplemente en elevar los impuestos y hacer que el Gobierno contratara al personal. Como John Maynard Keynes señaló, con el «efecto multiplicador» que los salarios tienen en una comunidad, el resultado es una economía más fuerte. Esta era la solución económica favorita a mediados del siglo XX.

Por lo cual, resulta más que sorprendente que se haya asumido tan deprisa que Thatcher tenía razón.

Se puede argumentar a favor y en contra de estas políticas económicas, y no pretendo detallar todos los posibles argumentos. La posición que mantengo es tan solo que el efecto de la democracia de mercado sobre el cuidado está claro: crea grandes desigualdades y reduce el significado de «concuidar».

El ciudadano de mercado

Los cambios de la economía neoliberal han aportado también cambios políticos, con *p* minúscula. En primer lugar, los estadounidenses pasan la mayoría del tiempo trabajando. Las familias de clase media ahora necesitan casi dos buenos salarios para salir adelante; un solo «sueldo familiar» es raro. Como consecuencia, los padres trabajan más duro. Pasan tiempo con sus hijos de un modo diferente, intentando sacar «tiempo de calidad» de cada interacción. Los «recuerdos» significan gastar más dinero en vacaciones. Hay quien dice que los niños están perdiendo capacidades en la vida diaria,[14] pero aprenden a ser unos consumados consumistas

14 «Es cierto que si no les das responsabilidades a los niños, tardarán en ser responsables. Sin embargo, hay cosas que nunca se aprenden en casa. Gracias, escuela, por enseñarme a encontrar mis verdaderos intereses. Lo que necesitaba saber de verdad era cómo cuadrar un talonario, cómo curar una herida o incluso cómo declarar mis impuestos». Nick Gionet (2015). «Young Writers: Maybe We're Spoiled, but Don't Criticize until We've Grown Up». *Star-Tribune*, 28 de mayo.

—porque sus padres, al sentirse culpables, no dejan de comprarles cosas, y porque ellos mismos, cada vez más, han «nacido para comprar»—.[15] Después de todo, la otra cara del mercado es que se necesita gente para comprar una infinidad de bienes.

A medida que la riqueza se va pareciendo a una pirámide, la lógica económica de «todo para el ganador» se va afianzando.[16] En tales circunstancias, ser buenos padres significa garantizar que los hijos propios gozan de mayores ventajas que los de otros. Se asume que los mejores colegios han de ser para quienes estén más capacitados para aprovechar la oportunidad; admitir menos estudiantes «malgastaría» las oportunidades. Ser padres se convierte en algo competitivo. En este tipo de situaciones, ¿qué incentivo puede existir para pagar más, con la intención de que las malas escuelas de otros chicos sean mejores? En cierto modo, las familias acaudaladas se benefician de que los centros educativos de otros niños sean inferiores. En este mercado tan abierto, el cuidado solo puede significar «cuida de ti y de tu familia».

15 Juliet Schor (ed.) (2000). *Do Americans Shop Too Much?* Boston: Beacon; Juliet B. Schor (1998). *The Overspent American.* Nueva York: HarperCollins; Juliet B. Schor (2006). *Nacidos para comprar.* Traducción de Juanjo Estrella. Barcelona: Paidós Ibérica.

16 Robert H. Frank (2000). *Luxury Fever: Money and Happiness in an Era of Excess.* Princeton: Princeton University Press.

Si todo esto resulta familiar, también lo será el mito de la responsabilidad personal. Nuestra democracia de mercado gestiona el cuidado como un problema individual. Como precisó el presidente George W. Bush en su discurso inaugural:

> Estados Unidos, en el mejor de los casos, es un lugar donde la responsabilidad personal se valora y se desea [...]. Incentivar la responsabilidad no significa buscar chivos expiatorios, se trata de una llamada a la conciencia. Y, aunque requiere sacrificio, aporta una satisfacción mayor. No encontramos la plenitud de la vida tan solo en las opciones, sino también en los compromisos. Y vemos que los niños y la comunidad son los compromisos que nos hacen libres.[17]

Es un fragmento fascinante. La omisión de la responsabilidad hacia los «niños» y la «comunidad» deja claro que, para él, la responsabilidad personal es la solución a los problemas del cuidado en el Estado moderno. Si no puedes cuidar de tus hijos y de tu comunidad, el problema es tu escaso sacrificio. La frase «Incentivar la responsabilidad no significa buscar chivos expiatorios» suena, en realidad, como un llamamiento a buscar chivos expiatorios. Bush

17 George W. Bush (2001). «First Inaugural Address». (bartleby.com)

parece sugerir que las personas pobres y que no están bien cuidadas son culpables porque quienes les rodean no han sido lo suficientemente responsables de sus hijos o sus comunidades.

Después, el presidente dice algo un tanto contradictorio con la lógica del cuidado de mercado, porque invoca el cuidado como aquello que da sentido a la vida: «No encontramos la plenitud de la vida tan solo en las opciones, sino también en los compromisos. Y vemos que los niños y la comunidad son los compromisos que nos hacen libres». Por un lado, la «plenitud de la vida» no procede solo de tomar decisiones, sino de mantener compromisos como educar a los hijos y cuidar de la comunidad.

Bush intenta evocar una concepción diferente de libertad, una similar a la que estoy defendiendo ahora. Lo que hace que la vida merezca la pena no es solo la capacidad de elegir, sino de satisfacer los deseos de cuidar de un modo adecuado. Con todo, esta idea de libertad sigue siendo muy abstracta, porque supone que podemos juzgar la «responsabilidad personal» de los demás a partir de las normas que gobiernan nuestra vida. Sin embargo, no todo el mundo se halla en la misma situación ni dispone de los mismos recursos para elegir libremente.

Imaginemos dos niñas en edad escolar, una de ellas cuyos padres son profesionales con una educación superior y gozan de unos ingresos considerables. En su casa, esta niña dispone de libros, un lugar para estudiar y un ordenador con conexión de alta velocidad a internet. Es muy posible que haya oído millones de palabras más que su compañera de clase.[18] La segunda alumna vive con su madre soltera que cobra el salario mínimo interprofesional en dos puestos de trabajo distintos. Esta madre perderá un día de sueldo si se ausenta para ir a hablar con la profesora. ¿Qué alumna se ganará más la atención de la profesora? Aunque las dos estén en la misma clase de la misma escuela, ¿cómo podemos decir que tienen las «mismas oportunidades»?

Como suelen demostrar las políticas actuales, no existe otro contexto para los «niños» y la «comunidad» más que el de la responsabilidad personal; como si la voluntad general de poner en práctica esta responsabilidad pudiera predecir el buen hacer de los niños y de la comunidad.

No digo que todo el mundo deba ignorar su responsabilidad personal. No obstante, de ser la única forma de responsabilidad, puede conllevar un profundo efecto antidemocrático. Cuidar de la comunidad adquiere un significado diferente en una rica comunidad cerrada respecto a un barrio urbano dejado a su suerte. El mercado nos enseña a esperar que todo suceda en un plano de igualdad

18 A. Fernald y A. Weisleder (2015). «Twenty Years after "Meaningful Differences", It's Time to Reframe the "Deficit" Debate about the Importance of Children's Early Language Experience». *Human Development* 58 (1) (1-4).

y libertad. Mas, cuando actuamos asumiendo que los puntos de partida y de llegada son iguales para todo el mundo, nos encerramos en una visión que nos impide reflexionar de un modo más abierto y centrado en el cuidado.

Con el paso del tiempo, la democracia de mercado crea una jerarquía antidemocrática y despreocupada por el cuidado entre los ciudadanos. El recurso más importante para el cuidado es el tiempo. Por desgracia, no todo el mundo dispone de él del mismo modo. Los profesionales trabajan muchas horas, pero también los pluriempleados que cobran un salario mínimo. Los trabajos mal pagados van acompañados de menos beneficios, menos días por enfermedad y menos días de libre disposición. Aunque el trabajador profesional disponga de poco tiempo, cuenta con más recursos para atender sus necesidades asistenciales.

En cierto sentido, el mercado está diseñado para ciudadanos como él. Tal vez una sexta parte de la economía remunerada se invierte en el cuidado.[19] *Coaches* de vida, paseadores de perros, auxiliares de hospital, chefs, profesores, organizadores de bodas, mecánicos de coches y sumilleres, todos están comprometidos con el cuidado y lo venden en el mercado. Quienes disponen de más recursos

19 Véase Randy Albelda, Mignon Duffy y Nancy Folbre (2009). «Counting on Care Work: Human Infrastructure in Massachusetts». Amherst: University of Massachusetts.

económicos están en mejor disposición de comprar ese cuidado (y de más calidad); por ejemplo, aquellos estudiantes que dispongan de un tutor obtendrán seguramente mejores resultados en los exámenes estandarizados que aquellos otros que no tengan ningún apoyo. En el estrato más alto de la economía, las grandes empresas tecnológicas han comenzado a recompensar a sus empleados mediante invitaciones a cenar, servicios de limpieza en seco, reparaciones de bicicletas y gimnasios *in situ*.[20] ¿Qué diferencia hay entre estas experiencias y las de un conserje? En una época en que la bancarrota acecha, el cuidado desigual proporciona a algunas personas más ventajas que a otras. A medida que el tiempo y el dinero son más desiguales, los recursos asistenciales y el propio cuidado también lo son.

Existe otra dimensión del ciudadano de mercado todavía más inquietante. En principio, la desigualdad no es deseable, pero si algunas personas pueden comprar el cuidado cuando otras lo llevan a cabo por ellas mismas, es muy posible que nos encontremos con una perniciosa separación dentro del cuerpo político. En su libro de 1888, *El año 2000: una mirada retrospectiva*, Edward Bellamy describía una sociedad desigual de este tipo, ilustrando cómo los ciudadanos se percibían

20 Arlie Russell Hochschild (1997). *The Time Bind: When Work Becomes Home and Home Becomes Work*. Nueva York: Metropolitan Books (XII-XIII).

unos a otros. Empleó la metáfora de una sociedad en forma de un gigantesco carruaje, en la que los ricos viajaban con un lujo relativo mientras los pobres iban tirando de él:

> El segundo impedimento para todo progreso era una singular alucinación, que generalmente todos los viajeros de arriba compartían, y que consistía en que ellos no eran iguales a sus hermanos y hermanas que arrastraban el carruaje, sino de una pasta más fina, de alguna forma pertenecientes a un orden más elevado de seres que justamente esperaban ser arrastrados... Lo que hay de más curioso es que los peatones que acababan de subir al carruaje, y cuyas manos callosas tenían todavía las huellas de las cuerdas de que tiraban un momento antes, eran las primeras víctimas de aquella alucinación. En cuanto a los que habían tenido la dicha de heredar de sus padres y abuelos uno de aquellos cómodos asientos de arriba, la convicción que estimaban de la diferencia esencial entre esta suerte de humanidad y el artículo común era absoluta. El efecto de tal ilusión, en los sentimientos de un individuo moderado para la sufriente masa de hombres, era una distante y filosófica compasión, algo bastante obvio.[21]

21 Edward Bellamy (2011). *El año 2000: una mirada retrospectiva.* Barcelona: Editorial Splash (33-34).

Frente a sus conciudadanos, la gente pudiente de la democracia de mercado presupone que los demás están sometidos al trabajo penoso. Es posible que piensen: «Que lo hagan, y si no les gusta, que ejerzan su responsabilidad personal para superarse».

Este tipo de actitud desdeñosa va minando la democracia. La consecuencia es que no pensamos en «esa gente» como en unos iguales que tienen el mismo derecho de contribuir a la vida democrática, sino como en unos empleados domésticos. ¿Cómo puede la democracia sobrevivir si unos ciudadanos ven a otros como a unos completos incompetentes o como a personas de quienes aprovecharse?

No debemos caer en este círculo vicioso. Podemos cambiar la prioridad de nuestros valores. Así como la democracia de mercado ha sido más o menos prominente en diferentes períodos históricos de Estados Unidos, quizá sea el momento de reorientar nuestra sociedad. Pidámosle a la gente que reconsidere sus valores, que presten más apoyo a las instituciones que promueven el cuidado democrático y que contribuyan a que la democracia sea más asistencial. Ya es hora de sustituir la Revolución Reagan por la Revolución del Cuidado. Veamos cómo hacerlo.

Activar la revolución del concuidar

Del mismo modo en que la Revolución Reagan requirió de un cambio en la naturaleza de la vida democrática y en la naturaleza de los ciudadanos democráticos, la Revolución del Cuidado necesitará unos cambios similares. Como ciudadanos de una democracia del cuidado, no solo tendremos que cambiar nuestro discurso y nuestro interés cotidiano por ese cuidado, sino también las instituciones políticas y sociales para que sean más asistenciales.

Reconsiderar las responsabilidades preocupándonos por el cuidado

Como mostré anteriormente, «democracia del cuidado» significa, en parte, garantizar que todo el mundo se pueda pronunciar del mismo modo para decidir cómo asignar las obligaciones asistenciales. Esto no es tan fácil como pueda parecer. Nos hemos acostumbrado a vernos como trabajadores y consumidores. Día tras día, la vida económica absorbe la mayor parte de nuestra energía. Aunque no dejemos de cuidar, no tenemos consciencia de que el cuidado sea una cuestión prioritaria.

Así pues, nuestro primer cambio en dirección a la democracia del cuidado consiste en comenzar por interesarnos por ese cuidado. Tenemos que reconsiderar nuestro modo de valorar el tiempo que le dedicamos, y eso significa, ante todo, ser conscientes de que es un tiempo que invertimos en actividades útiles. A medida que nos desplacemos en esa dirección, quienes no hayan participado del cuidado erigirán todo tipo de defensas para que las cosas se mantengan como están.

Supongamos que consiguiéramos que todo el mundo se sentara alrededor de una mesa para debatir las responsabilidades que le pudieran corresponder a cada cual. De entrada, podríamos pensar que el resultado sería una discusión que desembocaría en asignaciones asistenciales equitativas repartidas a lo largo de toda una vida. De hecho, también es posible que tuviéramos que oír una serie de argumentos estridentes, explícitos o implícitos, en forma de excusas sobre cómo algunas personas ya estarían cumpliendo con su parte del cuidado, aunque fuese mentira. Por una razón u otra, se consideran unos privilegiados en su estatus social, y, por lo tanto, deberían quedar libres de toda responsabilidad asistencial. Es bien conocido lo que Ben, el tío de Spiderman, le dijo a este: «Un gran poder conlleva una gran responsabilidad». Sin embargo, no deja de ser algo que los tíos les dicen a los superhéroes en las películas. En la vida real, un gran poder privilegia una gran irresponsabilidad.

Examinemos algunos de esos «pases» que les eximen de toda responsabilidad, de modo que podamos anticiparnos a ellos y proponer unas vías de actuación más democráticas. De paso, apliquémonos el cuento y dejemos de evadir nuestras propias responsabilidades asistenciales.

«No se me da bien cuidar»

Una forma de librarse del cuidado consiste en proclamar la propia incompetencia. Ya hemos oído este tipo de argumento: «Las mujeres cuidan mejor por naturaleza». «Hay a quien se le da bien cuidar, pero a mí no». En realidad, la idea de cuidar bien o mal deriva del supuesto de que el cuidado se ejerce básicamente en la familia y de que, dentro de esta, las mujeres están dotadas «de forma natural» para cuidar mejor que los hombres. No importa que cada vez más hombres se dediquen a este tipo de tareas, sobre todo con los familiares ancianos. Incluso ellos mismos llegan a creer que las mujeres están mejor dotadas.[22]

Hay una respuesta obvia a esta objeción. Las mujeres y los empleados domésticos parecen tener una habilidad «natural» para el cuidado porque ese es el papel que se espera que desempeñen. Sin embargo, la verdad es que el cuidado requiere práctica.

22 Lori D. Campbell y Michael P. Carroll, (2007). «The Incomplete Revolution». *Men & Masculinities (9).*

Quienes no sean muy duchos en ello en el presente pueden mejorar a base de práctica. Si queremos vivir en una democracia del cuidado, todos tenemos que mejorar nuestra capacidad de cuidar. Y el mejor modo de conseguirlo es cuidar *más:* prestar más atención a las necesidades ajenas, poner más voluntad en reconocer y hacerse cargo de las responsabilidades, ser más competente y sentirse más orgulloso del buen cuidado que se practique, y poner empeño en ajustar de forma responsable el cuidado en función de las necesidades del receptor.

«Tengo mucho trabajo»

Dado que cuidar requiere tiempo y el trabajo ocupa una buena parte de ese tiempo, parece legitimado afirmar que la contribución económica propia es demasiado importante para aplazarla en favor del cuidado. De un modo similar, a mediados del siglo XIX, los hombres que eran reclutados podían enviar a otro para que hiciera su servicio militar.[23] El problema con esta solución es que estigmatiza el cuidado como una clase de obligación inferior.

La alternativa que representa «concuidar» precisaría que todo el mundo trabajase menos y dedicara algún momento del día al cuidado.[24] Es evidente que aplicar este cambio en toda su amplitud nos obligaría a reconsiderar a fondo nuestra concepción del tiempo, el lugar que el trabajo ocupa en nuestra vida y la compensación que obtenemos a

23 Véase, por ejemplo, Thomas Hobbes, *Leviatán*, capítulo 21, sección 16.

24 Expreso mi agradecimiento a Jennifer Nedelsky por nuestras conversaciones sobre esta cuestión.

cambio de nuestras obligaciones laborales. Muchos trabajadores sienten que están comprometidos con su trabajo 24/7 y acaban respondiendo a los correos desde su casa y comprobando el estado de los proyectos desde la otra punta del mundo en plena noche. Sería mucho más sensato que tomásemos la decisión como sociedad de no anteponer el trabajo al cuidado de un modo tan drástico.

«Cuido de mi propia familia»

Ya he analizado los círculos viciosos del cuidado desigual resultantes de esta actitud. Hay mucho que decir sobre el mantenimiento del mundo doméstico propio, pero la cultura asistencial que incita al cuidado competitivo no se muestra demasiado empática, a fin de cuentas.

En la democracia del «concuidar» no estaríamos tan desesperados por acaparar más que nadie. Ser codicioso y estar siempre a la defensiva es agotador. Relajarnos un poco nos permitiría percatarnos de que podemos preocuparnos por otras personas sin ver mermadas nuestras funciones asistenciales familiares.

«Ser autosuficiente me fue bien a mí, así que te irá bien a ti también»

El problema con esta afirmación es que suele ser falsa. Aunque todos hemos oído historias sobre multimillonarios hechos a sí mismos, la mayoría de los estadounidenses acaban en la misma situación económica que sus padres; y a pesar de lo que nos gusta creer, Estados Unidos ofrece menos movilidad que los países europeos.[25]

Llevar el argumento de la autosuficiencia demasiado lejos crea otros problemas. Muchas de las personas que han triunfado en la vida le deben más a la suerte que al trabajo duro. ¿Hasta qué punto conviene que la gente sea arriesgada? Tomar riesgos conlleva sus ventajas, pero si perpetuamos el dicho popular de que jugársela es la única manera de seguir adelante, volveremos a los comportamientos

25 Sobre cómo los crecientes niveles de desigualdad económica están socavando seriamente la igualdad de oportunidades, véase Joseph E. Stiglitz (2014). *El precio de la desigualdad. El 1 % de la población tiene lo que el 99 % necesita.* Traducción de Alejandro Pradera. Madrid: Punto de Lectura.

que ocasionaron la burbuja inmobiliaria de principios de siglo.

Dejando la autosuficiencia de lado, ¿es la riqueza lo que buscamos? Muchas de las personas que se dedican al cuidado ya saben que este, y no el dinero, es lo que da sentido a la vida. Nuestro modo de vida, siempre ansiosos por mantener nuestro estatus en medio de un orden económico despiadado, nos impide dedicarnos mejor al cuidado. Valoramos la riqueza como otro modo de cuidado. No obstante, supongamos que consiguiéramos reajustar nuestras instituciones políticas para respaldar un tipo de cultura diferente. Supongamos que consiguiéramos vivir en una cultura del cuidado en la que pudiésemos confiar en recibir asistencia cuando la necesitáramos, nosotros o nuestros seres queridos. Considerar la reasignación de responsabilidades es un punto de partida, pero debemos pasar de la consideración sobre los cambios de tipo asistencial al cambio real de la Política *y* la política del cuidado.

El ciudadano asistencial

Tras reflexionar sobre el significado y la distribución de las responsabilidades asistenciales, debemos consagrarnos a cuidar de forma democrática. Práctica, práctica y más práctica. Tenemos que cambiar tanto las instituciones como a nosotros mismos, pero podemos empezar por cambiar nuestro tipo de vida.

Comencemos por la familia. ¿Qué cambios son necesarios para vivir una vida más acorde con el cuidado? Es posible que no los podamos aplicar todos nosotros mismos, pero si nos centramos en cómo modificar la cantidad de cuidado que practicamos, conseguiremos cierta perspectiva sobre el acto de «concuidar». ¿Cómo se distribuye el cuidado en nuestra familia? ¿Es equitativo? ¿Es justo? ¿Cuáles son los obstáculos a superar para cuidar mejor?

Después, pensemos en las instituciones que tenemos cerca de casa. ¿Hasta qué punto el cuidado forma parte de nuestro puesto de trabajo, de nuestra escuela, de nuestro centro religioso o de nuestro club? ¿Cómo se pueden mejorar? En cierta medida, podemos aportar cambios en algunas de las instituciones que nos son cercanas, y, por otro lado, acabaremos por reconocer importantes barreras institucionales sociales y políticas que nos impiden cuidar mejor.

No conseguiremos poner en práctica estos cambios sin salvar previamente algunos escollos. En primer lugar, el cuidado democrático requiere pluralismo. La gente debe sentirse capaz de cuidar y de ser cuidada de la forma que desee. No olvidemos lo amplio que es el mundo del cuidado. Surgen muchos tipos de cuidado a lo largo de toda una vida.

En segundo lugar, el cuidado democrático comporta un cambio de perspectiva, no basta con pensar en lo que *nosotros* queremos. También tenemos que considerar el punto de vista de los receptores, quienes tendrán propuestas diferentes sobre el tipo de asistencia que deseen o necesiten recibir. ¿Es preferible enviar a los ancianos a las residencias o conceder prestaciones a las familias para que los cuiden en casa? Habrá quien prefiera una alternativa y quien se decante por la otra. En una democracia del «concuidar» se puede concebir la reestructuración de las instituciones y las prácticas para poder satisfacer las preferencias personales de cada individuo.

En tercer lugar, es necesario reconocer la diversidad y la ubicuidad de las diferentes necesidades asistenciales. Es fácil caer en el engaño de que si algunas personas están más «necesitadas» que otras, entonces son ciudadanos menos útiles. La pobreza no es algo natural: hay una «política de la interpretación de las necesidades» que convierte ciertas necesidades en políticamente invalidantes comparadas con otras. Será necesario que los ciudadanos que negocien las responsabilidades asistenciales estén mucho más atentos a las necesidades reales y faciliten que las personas puedan cuidar de sí mismas tanto como sea posible, de forma que puedan preservar y realzar su papel como ciudadanos democráticos.

En cuarto lugar, tenemos que reconocer que el cuidado es complejo y que no siempre somos tan heroicos en estos menesteres como pretendemos ser. A pesar de la clásica imagen, el cuidado no sucede a nivel individual entre un poderoso cuidador y un receptor necesitado. Este tipo de díada da pie a un escenario de dominación espantoso y aparentemente inevitable. En la realidad cotidiana, se negocian las necesidades, las responsabilidades, la aportación y la recepción de asistencia en múltiples sentidos al mismo tiempo. En cuanto reflexionamos sobre los asistentes y los asistidos a partir de unas relaciones más complejas, resulta fácil desmantelar cualquier conjetura establecida sobre la insalvable jerarquía del cuidado.

El cuidado democrático es mejor

Si somos capaces de valorar el cuidado de un modo más democrático, no solo nuestra democracia será más asistencial, sino que también cuidará mejor. Configurar las prácticas asistenciales desde una perspectiva democrática también depara otros beneficios. Allanar las jerarquías facilita que los equipos trabajen en colaboración, lo cual se traduce en una mayor calidad asistencial. Una organización del cuidado democrática, en lugar de vertical, siempre tendrá más posibilidades de proporcionar la solución correcta a un problema específico. El estudio de Julie White sobre los programas extraescolares en la ciudad de Nueva York durante los años noventa ofreció un ejemplo de esta práctica. Cuando los expertos decidieron el contenido de estos programas, el nivel de asistencia fue escasa. Cuando los padres participaron en la composición de ese contenido, fueron muchos los alumnos que respondieron positivamente.[26]

Una vez familiarizados con ello, «concuidar» produce efectos morales de confianza y solidaridad. En su estudio sobre el poder del capital social, el profesor Robert Putnam y su equipo de Harvard descubrieron que solo la *confianza* permite un mejor flujo de información a través de una institución o una red social.[27] Como Putnam pudo comprobar en Italia, cuando existen unas pronunciadas jerarquías de autoridad, los componentes de los estratos inferiores en la estructura social suelen limitarse a decir a sus respectivos mandos lo que estos quieren oír.

Es posible que la mentira pueda satisfacer a algún jefe, pero es difícil que la información inexacta produzca buenas decisiones. Como se observó en otras partes de Italia, una menor jerarquía autoritaria permite compartir puntos de vista distintos, lo cual suele derivar en acciones más acertadas. La solidaridad, como valor social, crea las condiciones necesarias para poder practicar el cuidado entre las personas y facilita una mayor responsividad

26 Julie Anne White (2000). *Democracy, Justice and the Welfare State: Reconstructing Public Care.* University Park: Penn State University Press.

27 Robert D. Putnam (1993). *Making Democracy Work: Civic Traditions in Modern Italy.* Princeton: Princeton University Press.

respecto de los valores democráticos.[28] Los ciudadanos que comparten un sentido de propósito común tienen mayor tendencia a preocuparse por los demás y a comprometerse con otros ciudadanos en virtud de sus propios actos asistenciales. Además, este tipo de solidaridad crea un círculo virtuoso: dado que las personas son más sensibles a las necesidades ajenas, es más probable que ofrezcan un cuidado de mayor calidad.

Por último, las democracias cuidarían mejor porque nos obligarían a sintonizar muchos valores democráticos contrapuestos. Anteriormente, señalábamos que la asignación de las responsabilidades asistenciales hoy en día sigue antiguos patrones de exclusión, privilegiando las necesidades de algunas personas y relegando el trabajo sucio a otras. En cierto sentido, esta concepción de la democracia —la asignación de responsabilidades asistenciales— nos permite retomar nuestro debate inicial sobre el conflicto entre igualdad y libertad. No existe una respuesta sencilla a esta cuestión: ¿cómo se solventarán las ideas conflictivas respectivas a la

28 Carol Gould (2009). «Varieties of Global Responsibility: Social Connection, Human Rights, and Transnational Solidarity». En *Dancing with Iris: The Philosophy of Iris Marion Young*. Anne Ferguson y Mechthild Nagel (eds.). Nueva York: Oxford; Joseph M. Schwartz (2009). *The Future of Democratic Equality: Rebuilding Social Solidarity in a Fragmented America*. Nueva York: Routledge; Selma Sevenhuijsen (1998). *Citizenship and the Ethics of Care*. Londres: Routledge.

asignación de responsabilidades? Habrá quien afirme que el consenso democrático se ha distanciado demasiado de la libertad que ofrecen los mecanismos del mercado. Otras personas dirán que todavía hay quien no cumple con su parte del cuidado. Estas cuestiones alimentarán las discusiones políticas democráticas, y es exactamente el tipo de conversación que espero provocar con este ensayo.

¿Un movimiento del cuidado?

Así pues, ¿cómo podemos conseguirlo? En el año 2000, la científica política Deborah Stone expuso que necesitábamos un «movimiento del cuidado».[29] Creía que si tanto los receptores de este como los profesionales y las familias se unían, conseguirían plantear demandas efectivas ante el sistema político para reformar el modo en que la sociedad asigna el cuidado y las instituciones asistenciales se organizan.

Mi propuesta es todavía más amplia. Tenemos que dejar de creer que «el mercado» satisfará mágicamente todas las necesidades asistenciales. En cambio, los ciudadanos democráticos tienen que preocuparse lo suficiente «por» el cuidado para comenzar a cuidar «del» cuidado. Tenemos que exigir que las responsabilidades asistenciales se reasignen de conformidad con nuestros otros valores, tales como la igualdad, la justicia y la libertad.

29 Deborah Stone (2000). «Why We Need a Care Movement». *The Nation*, 13 de marzo.

En cuanto comencemos a llevar nuestra atención hacia el cuidado, lo veremos por todas partes: en nuestras historias vivenciales, en las películas, en los libros, incluso en las desavenencias con nuestros amigos y familiares. Exigiremos que los políticos cesen de tratar asuntos intrascendentes y se centren en cómo mejorar nuestra capacidad de cuidar de nosotros mismos y de los demás. No será un camino libre de discusiones intensas, pero se trata del tipo de discusiones que deberían conformar el núcleo de la política democrática.

Como teórica democrática, no me corresponde prescribir el modo en que se deberá llevar a cabo este cambio. No obstante, confío en que la gente tenga la capacidad de organizarse según su propio interés. Podemos llegar a comprender la importancia crucial del cuidado en medio de esos intereses y, por lo tanto, hacer que el mundo sea un lugar más seguro y solidario.

El principio de base es el siguiente: actualmente las cosas están del revés. La clave para vivir bien, para todo el mundo, consiste en una vida llena de cuidado, una vida en la que quien lo necesite se sienta bien atendido por los demás o por sí mismo, y disponga de tiempo para cuidar de otras personas, de los animales, de las instituciones y de los ideales que dan a la vida personal ese sentido particular. Una sociedad libre de verdad permite que la gente pueda cuidar en libertad. Una sociedad igualitaria de verdad otorga las mismas oportunidades de recibir cuidado y de participar en relaciones asistenciales. Una sociedad justa de verdad no utiliza el mercado para ocultar injusticias presentes y pasadas. El propósito de la vida económica es el de sostener el cuidado, no al revés. La producción no es un fin en sí misma; es un medio para el fin de vivir tan bien como sea posible. Y en una sociedad democrática, esto significa que todos pueden vivir bien, no solo unos pocos.

Estos sencillos principios son más fáciles de enunciar que de imaginar en la práctica, y son más fáciles de imaginar que de instaurar. Darle la vuelta a la sociedad no será tarea fácil, pero esbozaré algunos aspectos de la labor que nos espera.

Por dónde comenzar

Debemos comenzar por convertir el cuidado en un valor fundamental de nuestro mundo político. Debemos reconocer los fines democráticos de nuestras prácticas asistenciales. Tendremos que reflexionar sobre la diversidad de las necesidades y las prácticas asistenciales de nuestra sociedad e intentar crear unas instituciones sociales coherentes con esa diversidad.

Quienes busquen este tipo de cambios encontrarán un aliado inesperado: el mercado. Los mercados producen nuevos bienes para satisfacer nuevas demandas. Utilizarlos para proveer múltiples formas de organizar el cuidado para las personas mayores, por ejemplo, facilitará que cada ciudadano disfrute de una asistencia adecuada. La flexibilidad es esencial. Sin embargo, aparte de utilizar el mercado, para poder proponer distintas opciones, los ciudadanos también tienen que controlar de cerca hasta qué punto las instituciones del cuidado —residencias, escuelas, profesionales de la salud mental, etc.— hacen bien su trabajo. Cuando prestamos atención a nuestras propias prácticas asistenciales, solemos percatarnos de que podemos mejorarlas. Así que también podemos preguntarnos sobre las instituciones: ¿pueden cuidar de forma más óptima? Evaluar la efectividad de la sociedad en el cumplimiento de sus responsabilidades asistenciales no es tarea de un día. Se trata de un proceso reiterativo mediante el que los ciudadanos controlan y revisan sus decisiones. Por ello, a medida que las personas se especialicen en el cuidado, tras haberse sensibilizado ante las necesidades, podemos esperar que también se especialicen en evaluar las consecuencias de sus acciones y decisiones colectivas.

Puesto que el Gobierno se preocupará más por los asuntos que motivan y conciernen a los ciudadanos, el desafecto entre Gobierno y ciudadanía disminuirá. No habrá ganadores, dado que los ciudadanos con diferentes opiniones pugnarán para poder expresarse. A medida que la política se ocupe de los asuntos importantes y se diluciden las prioridades, los ciudadanos podrán apreciar su interdependencia sin dejar de atender sus propios intereses. El próximo paso de nuestra actual revolución democrática es el de reconsiderar la democracia como un sistema de respaldo a las personas mientras estas intentan vivir sus vidas de un modo más humano y solidario. ¡Debemos darlo ya!

Bibliografía

Albelda, Randy; Duffy, Mignon; Folbre, Nancy (2009). «Counting on Care Work: Human Infrastructure in Massachusetts». Amherst: University of Massachusetts.

Bellamy, Edward (2011). *El año 2000: una mirada retrospectiva.* Barcelona: Editorial Splash.

Bridges, Amy; Weinbaum, Batya (1980). «La otra cara del sueldo». En *Patriarcado capitalista y feminismo socialista.* Edición al cuidado de Eugenia Huerta. México, D. F.: Siglo XXI editores, S. A.

Brown, Wendy (2005). *Edgework: Critical Essays on Knowledge and Politics.* Princeton: Princeton University Press.

Bush, George W. (2001). «First Inaugural Address». bartleby.com.

Campbell, Lori D.; Carroll, Michael P. (2007). «The Incomplete Revolution». *Men and Masculinities* (9) (491–508).

Duffy, Mignon (2011). *Making Care Count: A Century of Gender, Race, and Paid Care Work.* New Brunswick: Rutgers University Press.

Fernald, A.; Weisleder, A. (2015). «Twenty Years after "Meaningful Differences", It's Time to Reframe the "Deficit" Debate about the Importance of Children's Early Language Experience». *Human Development* 13 (1) (1-4).

Fisher, Berenice; Tronto, Joan C. (1990). «Toward a Feminist Theory of Caring». En *Circles of Care.* Emily K. Abel y Margaret Nelson (eds.). Albany: SUNY Press (36-54).

Frank, Robert H. (2000). *Luxury Fever: Money and Happiness in an Era of Excess.* Princeton: Princeton University Press.

Fraser, Nancy (1997). «Después del salario familiar. Un experimento conceptual postindustrial». En *Iustitia Interrupta: Reflexiones críticas desde la posición «postsocialista».* Traducción de Magdalena Holguín e Isabel Cristina Jaramillo. Bogotá: Universidad de los Andes.

Fraser, Nancy; Gordon, Linda (1994). «A Genealogy of Dependency: Tracing a Keyword of the U.S. Welfare State». *Signs* 19 (2) (309–336).

Friedman, Thomas (2006). *La tierra es plana: breve historia del mundo globalizado del siglo XXI.* Traducción de Inés Belaustegui Trías. Madrid: Martínez Roca.

Gionet, Nick (2015). «Young Writers: Maybe We're Spoiled, but Don't Criticize until We've Grown Up». *Star-Tribune,* 28 de mayo.

Gould, Carol (2009). «Varieties of Global Responsibility: Social Connection, Human Rights, and Transnational Solidarity». En *Dancing with Iris: The Philosophy of Iris Marion Young.* Anne Ferguson y Mechthild Nagel (eds.). Nueva York: Oxford (199-211).

Hochschild, Arlie Russell (1997). *The Time Bind: When Work Becomes Home and Home Becomes Work.* 1.ª ed. Nueva York: Metropolitan Books.

Paraprofessional Healthcare Institute (2015). «Paying the Price: How Poverty Wages Undermine Home Care in America». Washington, D. C.

Parreñas, Rhacel Salazar (2001). *Servants of Globalization: Women, Migration, and Domestic Work.* Stanford: Stanford University Press.

Putnam, Robert D. (1993). *Making Democracy Work: Civic Traditions in Modern Italy.* Princeton: Princeton University Press.

Schor, Juliet B. (2006). *Nacidos para comprar.* Traducción de Juanjo Estrella. Barcelona: Paidós Ibérica.

——(ed.) (2000). *Do Americans Shop Too Much?* Boston: Beacon.

——(1998). *The Overspent American.* Nueva York: HarperCollins.

Schwartz, Joseph M. (2009). *The Future of Democratic Equality: Rebuilding Social Solidarity in a Fragmented America*. Nueva York: Routledge.

Sevenhuijsen, Selma (1998). *Citizenship and the Ethics of Care*. Londres: Routledge.

Stiglitz, Joseph E. (2014). *El precio de la desigualdad. El 1 % de la población tiene lo que el 99 % necesita*. Traducción de Alejandro Pradera. Madrid: Punto de Lectura.

Stone, Deborah (2000). «*Why We Need a Care Movement*». *The Nation*, 13 de marzo (13-15).

Tronto, Joan C. (2024). *Democracia y cuidado. Mercados, igualdad y justicia*. Traducción de Jean-François Silvente. Barcelona: Rayo Verde.

——(1993). *Moral Boundaries: A Political Argument for an Ethic of Care*. Nueva York: Routledge.

White, Julie Anne (2000). *Democracy, Justice and the Welfare State: Reconstructing Public Care*. University Park: Penn State University Press.

«En la voz diferente de las mujeres yace la verdad de una ética del cuidado, el vínculo entre relación y responsabilidad, y los orígenes de la agresión en el fracaso de conexión»

Carol Gilligan

Si este libro te ha gustado, recomiéndaselo a otro lector

Si este libro te ha gustado y necesitas más buena literatura, te hacemos las siguientes sugerencias:

Democracia y cuidado

Joan C. Tronto

Traducción de Jean-François Silvente

Las personas se enfrentan a un déficit del cuidado: tenemos demasiado trabajo, hay demasiadas exigencias, no tenemos tiempo suficiente para poder cuidar adecuadamente a los niños, la gente mayor, y a nosotros mismos. Al mismo tiempo, la implicación en la política en muchos países del mundo llega a bajos históricos, aunque debería ayudarnos a cuidar mejor, la vemos como algo lejano. Democracia y cuidado argumenta que necesitamos repensar la democracia, así como nuestros valores y compromisos fundamentales, desde una perspectiva cuidadora.

«El concepto de cuidar como ideal democrático fundamental aporta un correctivo muy necesario a la literatura sobre el cuidado que nos permite pensar de forma más concreta sobre cómo es necesario reestructurar la sociedad para satisfacer las necesidades de cuidado de todos los ciudadanos. El argumento es reflexivo, cuidadoso, meticuloso y, de hecho, fascinante».
Nancy J. Hirschmann

«Tronto nos pide rechazar la concepción contemporánea habitual de la democracia. Dado que esta concepción tiene la raíz en la noción liberal de que los humanos somos seres autónomos y coherentes, en la práctica promueve actitudes y políticas discriminatorias. Esta concepción privilegia —romantiza— la independencia, por lo que desprecia la dependencia».
New York University Press